자존감 회복 프로젝트

자존감 회복 프로젝트

초판 1쇄 인쇄 _ 2020년 12월 20일
초판 1쇄 발행 _ 2020년 12월 25일

지은이 _ 은제민
펴낸곳 _ 바이북스
펴낸이 _ 윤옥초
책임 편집 _ 김태윤
책임 디자인 _ 이민영

ISBN _ 979-11-5877-219-2 03190

등록 _ 2005. 7. 12 | 제 313-2005-000148호

서울시 영등포구 선유로49길 23 아이에스비즈타워2차 1005호
편집 02)333-0812 | 마케팅 02)333-9918 | 팩스 02)333-9960
이메일 postmaster@bybooks.co.kr
홈페이지 www.bybooks.co.kr

책값은 뒤표지에 있습니다.
책으로 아름다운 세상을 만듭니다. ― 바이북스

미래를 함께 꿈꿀 작가님의 참신한 아이디어나 원고를 기다립니다.
이메일로 접수한 원고는 검토 후 연락드리겠습니다.

나를 다시 일으켜 세우는 현실독서법

자존감 회복 PROJECT

은제민 지음

바이북스
ByBooks

추천사

독서는 '인두 같은 한 문장을 만나기 위해 활자의 바다로 떠나는 여행'이
라는 말을 좋아한다. 책을 읽다가 그런 문장을 만나면 내 인생이 바뀌기도
하고, 힘든 나를 다시 세우는 힘을 얻기도 한다. 타인이 한 경험을 내 인생
과 중첩해보며 살아갈 날들의 가늠자가 만들어지기도 하고, 타인의 생각
을 통해 내 생각의 폭을 넓히는 도구가 되기도 하는 것이 바로 독서다.

은제민 작가는 독서를 인생과 연결해 삶의 경쟁력을 높일 줄 아는 능력을
갖고 있다. 독서를 통해 익힌 글쓰기로 자신의 삶을, 자신의 관점을, 현장
의 호흡을 더해 생생하게 풀어냈다. 글을 통해 그의 삶에 독서가 어떻게
지렛대 역할을 했는지 살펴보는 것도 내게는 흥미로웠다.

또한 자기를 다시 일으켰던 책들을 자신의 관점을 더해 멋지게 풀어내
뒤에 책을 읽는 사람들을 배려한 부분도 이 책을 읽는 즐거움이었다. 무
작정 읽는 것이 아니라 슬기로운 독서가 무엇인지를 저자가 실제 책을
읽어나가며 좌충우돌했던 실수를 곱씹어 명쾌하게 정리해냈다. 일독을
권한다.

박용후 관점 디자이너, 《관점을 디자인하라》 저자

은제민 대표를 처음 만났을 때 조금은 어두운 사람이라고 생각했다. 나중에서야 얌전해 보이는 겉모습과는 다르게 매우 처절한 인생을 살아온 사람인 것을 알게 되었다. 만난 지 4년여가 지난 지금 그는 공인중개사 중에서 가장 빛나는 별이 되었다. 《자존감 회복 프로젝트》는 어둠을 뚫고 꿋꿋하게 일어선 한 인간의 치열한 삶과 경험의 '알갱이'이다.

조영준 ㈜네오비 비즈아카데미 대표

저자는 자신이 가진 것을 다른 사람에게 나누어줄 줄 아는 사람이다. 앞장서서 봉사하는 사람이다. 그런 저자가 깊은 실패를 독서로 이겨낸 경험을 고스란히 책으로 엮어냈다. 《자존감 회복 프로젝트》를 통해서 많은 사람들이 감동받고 삶의 용기를 얻기를 바란다.

김의섭 《독서에 美친 사람들》 저자, 독서지향 회장

실패란 새로운 도전을 할 의지가 완전히 사라졌을 때를 이야기한다. 이 책에서는 단순히 실패에 대한 경험을 공유하는 것이 아니라 실패를 하더라도 실행을 할 수밖에 없는 이유인 절실함을 강조한다. 저자가 모티브를 받았던 다양한 도서들로 인해 새로운 도전을 실행할 수 있었던 경험은 이 책을 읽는 모든 독자들에게 많은 귀감이 될 것이다.

박상용 비건플레이스 대표, 플레이아데스 플대표

자영업자의 실패와 어려움을 있는 그대로 담았다. 독서의 본질을 거품 없

이 적었다. 뜬구름 잡는 소리 대신, 평범한 '우리'가 자신의 가치를 믿고 다시 일어설 수 있도록 저자의 경험을 솔직하게 드러냈다. 책을 통해 쓰러질 때마다 힘을 얻었다는 저자의 이야기가 가슴속까지 파고드는 이유다. 자신을 아끼고 사랑하는 사람이 더 많아질 거라 확신한다. 더 이상 실패가 두렵지 않다는 사실만으로도 충분하다. 곁에 두고 싶은 책이다.

이은대 《내가 글을 쓰는 이유》 저자

들어가는 글

직업적 성향이기도 하고 과거의 경험 때문에도 나는 길을 지날 때마다 상가들을 유심히 본다. 얼마 전까지 열려 있었던 가게 하나가 임시 휴업을 써 붙이고 문을 열지 않았다. 피크 타임인데도 손님이 없는 가게가 많이 보인다. 이런 광경들을 보면 느끼는 감정들 ……. 나는 이 감정이 보통의 사람들과 많이 다르다. 그저 지나쳐 가는 길임에도 순간적으로 많은 감정을 느낀다. 쓰라린 내 기억들이 떠오르곤 한다. 가게 안의 사장님의 모습을 보면서, '아……. 저렇게 하면 안 되는데' 하는 생각이 들기도 한다. 가게에 우두커니 TV를 바라보고 있는 사장님의 얼굴을 보면, 내가 겪었던 아픔이 물결처럼 내 마음에 일어난다.

빠른 세상의 변화에 적응하기 힘들고, 경기가 안 좋아서 힘들고, 집값이 폭등해서 힘들다. 무한경쟁의 세상에서 좋은 학교에 가기가 힘들고, 만족하는 직장 잡기가 힘이 든다. 코로나까지 겹쳐서 더욱더 힘들다. 세상 살기가 참 힘든 시간이다. 모든 사람이 힘든 시간이다. 실패를 겪었거나, 지금 겪고 있는 사람들에게는 잔인한 시간으로 느껴진다. 그들은 ─ 깊은 실패를 아직 겪어보지 않은 사람은 결코 짐작조차 할 수 없는 ─ 세상에서 가장 힘든 시간을 견

8

더내고 있다.

다들 힘들다고 난리다. 장사를 하는 친구도, 공무원인 친구도, 높은 연봉을 받고 있는 회사원 친구도 힘들다고 한다. 5～6년 전, 나는 전 세계 70억 인구 중 가장 절망적인 삶을 살고 있었다. 몇 년이 흐른 지금, 나는 행복하다. 아직 경제적으로 성공을 거둔 것은 아니다. 하는 일이 엄청 잘되고 있는 것도 아니다. 다만 평범한 생활로 다시 돌아온 것이 너무 행복하다. 내가 오늘 할 일이 있고, 보람을 가질 수 있는 일을 할 수 있다는 삶이 고맙고 행복하다. 새로운 희망을 가지고 미래를 만들어갈 수 있어서 행복하다.

내겐 너무나도 힘들었던, 다시 복구할 수 없을 것만 같았던 실패의 경험이 있다. 내 인생에 다시는 평범한 삶은 없을 거라고 생각했던 날들이었다. 하지만 헤어 나오지 못할 것만 같았던 깊은 실패의 수렁 속에서 벗어나고, 언제부터인가 나는 자존감을 회복하고 성취감을 느껴가고 있다. 돌이켜보니, 한 걸음 한 걸음씩 극복해왔다. 쉽지는 않았다. 그러면서 조금씩 조금씩 행복해졌다.

큰 실패의 좌절은 겪어본 사람만 안다. 내가 겪고 있는 실패가 이 세상에서 가장 슬프고 잔인한 실패다. 세상에서 가장 운이 없는 실패다. 나도 그랬다. 그 시절 나는 이렇게 생각했다.

'나는 아마 평생 이 실패의 굴레에서 벗어나지 못할 거야······.'

사실은 생각이 아니다. 의도적으로 하는 생각이 아니었다. 그냥 내 가슴이 그렇게 느꼈고, 자연스럽게 머릿속에서 머물러 있었다. 생각보다는 오히려 자기방어적인 본능이었을지 모른다.

내 실패가 세상에서 가장 크게 느껴졌다. 나만 이런 실패를 겪고 있다고 생각했다. 상처받은 마음은 본능적으로 어두운 미래만 떠올렸다.

힘들게 겪어낸 내 인생의 반전을, 이제는 힘들어하는 내 곁에 있는 사람들에게도 느끼게 해주고 싶었다. 주변의 힘들어하는 친구들을 만날 때 위로하고 토닥여 주었다.

"이 책을 읽어 봐······. 이 책이 정말 좋다. 지금의 너에게 잘 맞을 거야."

이렇게 전해주는 나의 공감과 위로를, 친구들이 고마워 해주었다. 힘든 점을 잘 들어주고 상황에 맞는 책을 추천해 주니 큰 위로가 됐다고 한다. 내가 친구와 지인들에게 해줄 수 있는 위로와 조언은, 몇 년 간 겪은 깊은 실패와 작지 않은 독서 경험에서 나왔다.

내 친구에게 했듯이, 따뜻한 위로와 위안과 희망을 나누고 싶었다. 내 이야기를 들려주고 싶었다. 게임방, 고시원, 고깃집, 클럽, 곱창집, 고로케 가게 등 여러 자영업에 손을 댔다. 나중에는 자영업 백화점이라는 타이틀이 생겼다. 그 이야기와 실패한 원인들을 기록했다.

독서와는 거리가 먼 사람이었다. 실패가 독서를 만나게 했다. 지푸라기라도 잡는 심정이었다. 뒤늦게 시작한 사업 공부이기도 했다. 영업에 관한 공부, 마케팅에 관한 공부, 장사에 관한 공부. 책을 읽다보니 장사에 관한 공부를 해본 적이 없다고 느꼈다. 돈 수억 원이 들어가는 장사인데, 나와 가족의 생사가 달린 장사인데 그에 관한 공부를 한 적이 없었다. 그저 남들도 잘하는데 나도 하면 잘될 줄 알았다. 잠깐 장사가 잘될 때는, '나는 장사의 소질을 타고난 사람인가 보다'라고 착각하기도 했다.

책을 읽어가면서 공감과 위안을 얻기 시작했다. 누구에게도 받지 못한 공감이고 위로였다. 금방 다 치유될 수는 없었지만, 읽어나갈수록 막혔던 숨을 쉴 수가 있게 되었다. 자기계발서를 읽어나가면서는 조금씩 아주 조금씩 희망이 생겼다.

'어쩌면, 나도 다시 전처럼 평범하게 잘 살 수 있을지도 모르겠다.'

'이 사람들도 이렇게 고난을 겪었는데 나중에 이런 훌륭한 사람이 되었잖아.'

'난 이미 틀렸다'라는 깊은 수렁에 빠진 나에게, 책은 희미하게 비추는 한 줄기 빛이었다. 빛을 점점 더 많이 보고 싶었다. 공부가 성과로 나타나면 재미 있다. 장사를 하면서 이렇게 해보고 저렇게 적용해보니 재미가 있었다. 나만 힘든 건 줄 알았다. 나만 이런 고통에 빠진 줄 알았다. 고난을 겪은 다른 사람의 스토리를 읽다 보니 그들의 성공이 나의 성공 같은, 내가 해낸 거 같은 카타르시스를 느꼈다. 나에게는 아예 없는 것처럼 보였던 '희망'이라는 것이, 책을 읽으면서 희미하게 보이다가 점점 더 크게 보였다. 마음의 위로를 받고, 희망이 점점 더 크게 느껴지는 과정이 재미가 있었다. 약해 보이던 지푸라기가, 절박함으로 타고 조금씩 올라가다 보니 단단한 동아줄이었다. 절박함으로 시작한 책이 점점 재미 있어지기 시작한 것이다.

　나는 여느 독서가보다 많은 책을 읽은 사람은 아니다. 세상 누구
보다 큰 실패를 한 사람도 아니다. 그럼에도 불구하고 이 책을 꼭
쓰고 싶었다. 내가 겪었던 끔찍했던 실패와 극복의 경험이, 실패에
서 벗어나지 못한 '실패 후배'에게 위안과 공감을 주고 희망을 줄
수 있다면 더 바랄 게 없겠다는 마음으로 써 내려갔다.
　실패를 겪어본 '실패 선배'가 간절한 마음을 담았다. 실패와 고
통을 겪고 있는 당신이, 상처를 치유하고 다시 일어설 수 있기를,
다시 행복한 삶으로 돌아가기를 기원하는 마음을 이 책에 꾹꾹 눌
러 담았다. 이 책의 정성이 온전하게 닿아, 당신의 자존감이 회복
되고 행복한 인생이 되는 《자존감 회복 프로젝트》의 출발점이 되어
주길 간절하게 기원한다.

차례

2부 자존감을 회복시켜주는 현실독서

chapter 4 독서라는 기적

chapter 5 나를 일으켜 세운 현실독서

chapter 6 실패가 스승이다

chapter1

성공이
만들어낸
신기루

본능에는
준비가 없다

그저 착실하게 살고 싶었다. 남에게 해 끼치지 않고 성실하고 정
직하게 살면서, 아버지의 부재로 상처가 크셨던 어머니에게 효도
하며 평범하게 살고 싶었다.

아버지는 일찍부터 사업을 시작하셨다. 젊은 시절에 잠깐 공무
원 생활을 하셨고, 그 이후로는 사업(인쇄업)을 하셔서 높은 수익을
올리셨다. 아버지의 사업은 잘 되었고, 집은 화목했다. 어린 나이였
지만 이것이 행복이라는 것을 어렵지 않게 알 수 있었다.

아버지는 1970~1980년대 고도 성장기에 다 그렇듯이 밤낮없
이 열심히 일하시고, 때때로 과로하시고 술도 많이 드셨다.

서울올림픽이 있었던 1988년 여름 어느 날 아버지는 목에 하얀
거즈를 붙이고 오셨다. 거즈를 봤지만 나는 대수롭지 않게 생각했
다. 저녁을 드시고 아버지는 내게 말씀하셨다.

"아빠 목에 이런 거 하고 왔는데 물어보지도 않네?"

"어 아빠 미안. 근데 아빠 다쳤어?"

"다친 게 아니라 여기 뭐가 생겨서 치료를 받고 왔어. 감기가 오래가서 병원에 갔더니 목 안에 뭐가 생겼대."

아버지는 섭섭하셨던 거다. 중학교 3학년 아들은 참 무심했다.

그로부터 며칠 뒤 아버지는 조직검사 결과로, 더 큰 병원인 세브란스병원으로 옮겨서 다시 검사를 받게 되었다. 당시의 나는 몰랐지만, 아버지는 위암 말기 판정을 받으셨다. 입원 생활을 시작하셨다. 어머니는 늘 병원에 계셨고, 큰이모가 우리 집에 계시면서 누나와 나를 돌봐주셨다. 아버지는 곧 건강한 모습으로 다시 돌아오실 거라고 어른들이 말씀해주셨다. 어머니가 때때로 우는 모습을 보이셨지만 괜찮다고 나 스스로 믿어 의심치 않았다. 병원에 가면 아빠는 언제나 밝은 모습으로 반겨주셨다.

"아빠 걱정하지 말고, 이모 말씀 잘 듣고 공부 열심히 하고 있어. 아빠 빨리 나아서 집으로 돌아갈게."

몇 달 지나지 않은 어느 날, 수업시간 중간에 담임선생님의 호출을 받고 영문도 모르고 집으로 갔다. 이모와 함께 택시를 탔다. 이모의 표정이 좋지 않았지만, 오랜만에 탄 택시고 가을 하늘은 멋져 보였다. 오랜만의 드라이브를 가는 기분이었다.

'아마도 아빠가 오늘은 내가 많이 보고 싶은가 보다.'

평소 강건하셨던 아빠의 모습과 어른들의 격려는 나의 믿음을 늘 굳게 지켜주었다. 병실로 들어가기 전부터 통곡 같은 어머니의 울음소리가 내 가슴을 철렁이게 만들었다.

'설마. 아니야, 아니겠지.'

짧은 찰나의 순간에 불길함이 엄습했다. 마음을 다잡았다. 아버지의 모습이 보였다. 평온해 보였다. 눈을 감고 주무시고 계신다. 아버지의 손을 잡았다. 너무 차갑다. 이상하다. 사람 몸이 어떻게 이렇게 차가울 수가 있지?

"아빠, 아빠, 나 왔어 아빠."

손과 발은 너무 차가운데 가슴에는 온기가 있다. 그런데 아무리 불러도, 흔들어도 아빠는 대답이 없다. 설마, 이게 죽음인가? 아니야, 말이 안 돼. 아빠가 이렇게 떠나셨을 리가 없다. 그런데 왜 이렇게 몸이 차가운 거지? 아빠는 왜 대답을 안 하는 거지? 왜 이렇게 깊이 잠드신 거지?

나는 받아들일 수가 없었다. 불과 며칠 전에도 당신 걱정을 하지 말라던 아빠의 말을 굳게 믿고 있었다.

아버지는 그렇게 세상을 떠나셨다. 아버지가 돌아가셨는데, 세상은 아무렇지 않게 똑같이 돌아간다는 사실이 너무 신기했다. TV에서는 웃음을 자아내는 코미디 프로가 방영되고 있었다. 나의 세상만 바뀌었다. 나의 세상만 모두 바뀌었다. 세상은 그대로였다. 태어나서 처음 겪어보는 이질감이었다.

아버지는 지병이었던 간염만을 늘 신경 쓰고 계셨다. 회사의 가장 큰 납품처가 당시 새로 생긴 영동세브란스병원(강남세브란스병원)이었다. 인쇄물 납품을 하시면서 늘 암센터 앞을 지나다녔다고 한다. 한 번만이라도 암센터에서 검사를 받아 보셨더라면……. 이제는 건물의 색이 바랜 오래된 강남세브란스 병원을 지나가게 되면 당시의 기억이 떠오르고는 한다.

아버지가 돌아가시고 나서 1~2년 동안, 어머니는 우는 모습을 자주 보이셨다. 처음에는 아버지의 죽음이 도무지 현실로 다가오지 않았다. 어머니가 우는 모습을 늘 보고 지내면서 점점 아버지의 죽음을 실감하게 되었다. 집안 분위기는 늘 어둡고, 경제 사정이 전과 다르게 어려워지는 걸 느끼게 되면서 일찍 철이 들었다. 어머니가 다시 웃으시는 모습을 보고 싶었다. 다시 예전의 화목한 분위기로 돌아갈 수는 없겠지만, 그저 어머니가 울지 않았으면 하는 생각이었다. 주변 친척과 어른들이 말씀하셨다.

"네가 공부 열심히 해서 어머니 잘 모시고 행복하게 살아야 아버지도 좋아하실 거야."

나보다 마음이 훨씬 더 아픈 어머니를 위로하고 싶었다. 그저 착실한 학생이 되어 공부를 했다.

순탄치는 않았지만, 대학교를 졸업하고 어머니의 말씀대로 최대한 빠른 취업을 했다. 친구들이 하는 어학연수, 해외여행 같은 호사 없이 빨리 졸업하고 빨리 취업했다. 평범한 직장인이 되었다.

'이제 어머니에게 더는 고생을 시켜드리지 않을 거야. 아버지에게는 못해 드린 내 마음을 어머니에게 잘해드리자.'

사람에게는 타고난 본성이 있다. 이제 생각해보니 아버지가 공무원 생활을 그만두시고 사업을 시작하신 데에는 아마도 타고난 본성의 힘이 컸던 것 같다. 아버지의 아들인 나 역시 그런 본능을 타고난 듯싶다. 두 군데에 걸쳐 10년 가까운 직장생활을 했건만, 하면 할수록 점점 더 견디기 어려웠다.

'나의 역량을 발휘하고 싶다. 돈을 많이 벌고 싶다. 나의 일을 하고 싶다. 직장생활이 너무 답답하다. 감옥 같다.'

이런 생각이 머릿속을 가득 채웠다. 가슴에 뜨거운 불덩이를 안고 사는 것 같았다.

30대 초반에 결혼을 했다. 안정된 직장이었지만 뭐라도 하고 싶었다. 공인중개사 공부를 하고 있는 친구 동희를 도서관에서 우연히 만났다. 친구 따라 공부를 시작했다. 뭐라도 해야 했던 가슴의 불덩이는 공부를 하는 데 큰 도움이 되었다. 직장 생활을 하면서 공부를 하는 게 만만치는 않았지만 2년에 걸쳐 1, 2차를 나누어 시험을 보고 운 좋게(정말 운 좋게 '공법' 과락을 면했다) 합격할 수 있었다.

공인중개사 자격을 취득했지만, 가슴에는 불덩이가 여전히 있었다. 불덩이를 가슴에 품고 다니던 어느 날, 대학 친구를 만나 플스방(플레이스테이션방)에서 위닝 일레븐이라는 게임을 하게 되었다. 실감 나는 영상과 박진감 넘치는 게임에 반했다. 워낙에 축구를 좋아하는데 이토록 잘 만든 게임이라니…….

위닝 일레븐을 워낙 좋아하다 보니 게임 좋아하는 친구들과 대학교 앞이나 번화가 상권에서 자주 만나게 되었는데 플스방이 없는 곳이 많았고, 있어도 자리가 없는 경우도 있었다. 플스방마다 거의 만석이 되어 있는 상황을 보고 늘어가는 유저들을 보며 점차 사업 아이템으로 생각을 하기 시작했다.

플스방은 위닝방이라고 할 정도로 '위닝 일레븐'이라는 축구 게임의 비중이 압도적으로 높다. 아직 사람들이 잘 몰라서 그렇지만 이 게임을 해보면 누구나 나처럼 푹 빠질 거고 머지않아 플스방은 대박이 날 거라고 생각했다.

당시에는 장사에 대해 아무것도 모르는, 의욕만 앞서 있는 상황이었다. 주변에 장사를 경험한 사람도 없었고, 장사에 관한 책 한 권도 읽어보지 않았다. 그저 '경험해보면 알겠지' 하는 생각으로, 혼자 플스방을 할 만한 자리를 알아보고 다녔다.

계속해서 혼자 이것저것 알아보고 지쳐갈 무렵, 타키온 플스방이라는 프랜차이즈를 알게 되었다. 유행인 아이템이고 경험도 없었던 터라 어차피 시작할 거, 프랜차이즈로 빨리 들어간 것은 좋은 선택이었다.

전형적인 시설장사
+ 플스방 +

회사는 그만두지 않은 채 장사를 시작했다. 회사에 다니고 있던 친구 희철이와 동업으로 집에서 멀지 않은 한양대학교 앞에 플스방을 오픈했다. 투잡이지만 장사를 시작하고 나니 가슴에 있던 불덩이가 사그라들었다. 본능의 만족이었다.

몰래 시작한 장사가 회사에는 좀 미안했다. 하지만 처음 시작한 장사는 참 재미 있었다. 결과적으로 시장의 파이 크기로 보면 소수였지만, 위닝 일레븐의 인기는 꽤 대단했다. 1990년대 스타크래프트의 인기를 기반으로 PC방이 퍼져 나갔듯이, 2003년경부터 위닝일레븐을 바탕으로 플스방이 많이 생겨나기 시작했다. 당시 최고사양의 대형 브라운관 평면 TV와 상업용(가정용보다 3배나 비싼) 플레이스테이션2, 인테리어, 권리금, 가맹비까지 적지 않은 투자금이 들었다.

시작은 좋았다. 상당 기간 매출이 좋았다. 직장의 고정적인 수입이 있었고 투잡이었기 때문에 부담도 덜했다. 아르바이트를 두고 운영을 하고 퇴근 후에 가게에 많은 시간을 할애했다. 주말에는 우리가 직접 가게를 보면서 게임을 했다. 워낙에 위닝 일레븐을 좋아하기 때문에 가게에 있는 시간이, 일하는 시간이 아닌 노는 시간처럼 재미 있었다. 주말 밤새 희철이와 내기 게임을 하면서 가게를 보는 날도 있었다.

내가 가장 잘 알고 좋아하는 아이템이기 때문에 자신이 있었다. 게임룸을 유리 부스로 방을 다 나눠서 만들어서 독립된 공간으로 만들었다. 게임룸마다 각 나라별 축구 국가대표팀을 하나씩 지정하고 유리 벽에 스타 플레이어들의 사진을 붙인다. 브라질 방에는 호나우두, 호나우지뉴, 카카, 카를로스, 잉글랜드 방에는 오웬, 루니, 스콜스, 램파드 등의 사진을 프린트해서 붙여둔다.

위닝일레븐 게임 대회를 열었다. 한 달에 한 번 일요일 아침에 모여서 대진표를 짜고 1:1 단판 토너먼트로 우승자를 가린다. 거의 다 한양대 학생이었던 참가자는 많을 때는 40명이 넘었다. 게임을 좋아하는 나도 참가해서 4강까지 갔던 기억이 난다. 고려대 플스방과 공동으로 한양대 Vs 고려대 대회를 열었다. 손님들이 출출하지 않게 삶은 달걀을 제공하기도 하고, 캔커피를 무료제공하기도 했다.

게임도 재미 있었고 운영도 재미 있었던, 플스방은 내가 처음 장사를 하면 큰 손실 없이 경험을 쌓을 수 있는 기회가 돼주었다.

게임방처럼 초기 투자비가 많이 들어가는 업종의 가장 큰 단점은 시간이 지나가면 인테리어나 시설이 낡아지고 그것을 리뉴얼 하는데 많은 비용이 들어간다는 점이다. 수입이 있을 때 리뉴얼 비용을 적립해 두는 것이 좋다. 그래야 적절한 타이밍에 리뉴얼을 통해 경쟁력을 재확보할 수 있다.

플스방 오픈 후 2년쯤 지나자 인테리어도 점점 낡아지고, TV가 경쟁력에서 밀리기 시작했다. 처음 오픈했을 때는 뒤가 뚱뚱한 브라운관 평면 TV였다. 점점 얇은 LCD, PDP TV가 나오기 시작했는데, 영세하게 시작한 우리 입장에서는 개당 백만 원 넘는 TV를 바꿀 수 있는 엄두가 나지 않았다. 서비스로 경쟁하며 버텼지만, 한계가 있었다. 시간이 지나가면서 수입이 줄어들고, 의욕도 떨어졌다.

플스방이나 PC방처럼 시설 투자비가 많이 들어가는 업종은 현재의 수입에 만족해서는 안 된다. 리뉴얼 시점을 잡고 비용을 생각하여 미리 준비해야 한다. 그렇지 않으면 시간이 지나면서 경쟁에 밀리기 시작하고 나중에는 극복할 수 없는 상황까지 맞게 된다.

플스방은 소비자층이 한정되어 있다. 내가 무척이나 좋아했기 때문에, 수요층이 확산하고 있는 시점에서 계속적인 증가가 있을 거라고 쉽게 판단했다. 내가 너무 좋아하는 업종이었기 때문에 장사가 즐거웠고 좋았지만, 반면에 판단에는 착오가 있었다. PC방처럼 다양한 아이템과 다양한 수요층이 존재하지 않는 플레이스테이션 게임의 한계를 인정했어야 했다.

　지금 글을 쓰며 '플스방 사장님들 모임' 카페에 들어가 보니 카페가 황량하다. 이제는 못 버티고 폐업한다는 쓸쓸한 글들이 남아있다. 2천 년대 중반 화려했던 카페의 모습은 온데간데없다. 최근에는 피파온라인4라는 온라인 무료 축구 PC게임이 워낙 잘 만들어져서 플레이스테션은 더욱더 경쟁이 어려운 것으로 보인다. 유행이 되는 업종은 빨리 들어가서 승부를 보고 빨리 나오거나, 아예들어가지 않는 것이 좋을 거라는 뒤늦은 후회가 든다.

　적당한 권리금을 받고 나오려고 무던히도 애썼지만, 세상일도그렇고 장사는 더욱더 내 생각대로 되지 않는 일이 더 많다. 나중에는 월 임대료를 주고 아르바이트 월급을 주고 나면 아무것도 남지 않거나 마이너스가 되는 상황에 다다랐다. 직장생활을 하며 계속 투잡으로 운영하던 플스방은, 고깃집을 오픈한 다음에 4잡까지된 상황에서 권리금은 받지 못하고 정리하게 되었다. 지하였던 플스방 공간을 건물주의 아들이 원룸으로 개조하면서 그나마 약간의보상을 받았다.

　성공에 대한 열망이 가득했던 시절이었다. 부동산에 관심이 많았다. 흙수저였지만 30대 중반 즈음에 아파트를 장만할 수 있었다.

무리한 추진이었지만 실거주할 집이니 상관없었다.

신문기사를 나름 분석하여, 서울에서 가장 저렴하면서 개발 호재가 있다고 판단한 중랑구에 관심을 가졌다. 어느 날 처음 가는 부동산에서 오늘 마침 급매물이 나왔다고 한다. 등기부등본을 보니 아주 가관이다. 곧 경매 넘어갈 거 같은 진짜 급매물이었다. 오래 생각하지 않고 바로 계약했다. 이때부터 내 판단은 정확하기보다는 늘 빠른 결정에 주안점을 두었다.

'플스방 사장님들 모임' 카페에서 한 친구를 만나게 되었다. 일찍이 회사 탈출에 성공한 사람이다. 고시원과 PC방을 운영하면서 PC방 일부 공간에 플레이스테이션 기기를 6대 놓았는데 꽤 쏠쏠한 재미가 있어 플스방 카페에도 들어오게 되었다고 한다. 나이가 동갑인 데다가 앞으로 계속 사업을 하겠다는 마인드가 잘 맞아서 금방 친해지게 되었다. 가까운 친구나 지인 중에 장사를 하거나 사업적인 마인드가 있는 사람이 없는 것이 아쉬웠는데, 정말 좋은 친구를 만났다고 생각했다. 친구 A라 하겠다.

투잡 생활을 하고, A와 친해지고 있던 어느 날 그가 제안을 해왔다. 자신이 하고 있는 고시원을 운영해 보라고 한다. 고시원은 우리 집에서 멀지 않은 경기도 구리시에 있고 투자비용에 비해 수입도 괜찮다고 한다. 방이 60개나 되는데, 고시원과 해당 건물이 모두 건물주 명의로 되어 있었다. 명의는 그대로 두고 고시원에 대한 임대료를 지급하고 수입을 가져가고, 대신 건물관리까지 하는 조건이다. 당시 고시원의 총무였던 희경이와 나에게 동시 제안을 했다. 돈이 모자랐다. 생각을 거듭하고 돈을 마련할 궁리를 한 끝에 무리였지만 과감한 투자를 했다.

플스방은 첫사랑 같은 가게였다. 첫눈에 반해 열정적인 사랑에 빠졌지만, 나 혼자만 빠졌던 외로웠던 첫사랑. 플스방의 추억은 멀지만 아련하고 쓸쓸하게 떠오르곤 한다.

시설보다 시스템!
+ 고시원 +

고시원은 자기 건물에 하는 경우도 있지만, 대부분은 점포 임대와 자기 시설이다. 저렴한 금액에 인수하면 좋겠지만, 권리금을 주고 실제로 수익이 나는 매장을 인수하는 방법도 나쁘지 않다고 생각한다.

월세가 많기는 했지만, 방이 60개에 만실 할 때 매출액이 거의 2천만 원에 육박하니 마케팅만 제대로 한다면 좋은 사업이었다. 보통 '고시텔'이라고 간판이 달려 있는 숙식이 가능한, 실질적인 주거공간이었다. 가끔 사건 사고로 뉴스에도 나오는 거주형 고시원이다. 고시원이 사건 사고로 뉴스에 자주 등장하다 보니 대부분의 사람들이 고시원이 위험하다고 생각을 한다. 그러나 내부를 들여다보면 그렇지 않은 곳이 훨씬 더 많다. 2010년 소방법 개정으로, 2010년 이후에 승인을 받은 고시원들은 스프링클러, 피난계단, 화재 비상벨, 소화기 등을 완비하고 있다. 소방서에서 지겹도록 단속을 나와서 점검을 안 할 수가 없고, 안전하지 않을 수가 없다. 내가 운영했던 고시원에 불이 난다면 우리 집보다 더 안전하다.

고시원에는 소방 벨이 의무적으로 설치되어 있는데 이것이 오작동으로 가끔 말썽을 일으킨다. 소방 벨의 소리 크기는 상상 외로 커서 옆에 있으면 귀가 먹먹할 정도다. 고시원 총무에게 가장 먼저 교육 시키는 게 소방 벨 멈추는 주 경종, 보조 경종 버튼이다. 일 년에 한두 번 정도 소방 벨 오작동으로 난리가 났다. 특히 오작동이 야간에 일어나고 총무가 없는 상황이라면 고시원 전체 사람들이 잠을 못 자는 소동이 난다. 간단한 버튼이지만 모르는 사람은 이 벨을 끌 수가 없다. 거기다가 소방 벨이 건물과 따로 되어 있는 경우에는 고시원 내 소방 벨을 정지시켜도 건물 소방 벨을 못 꺼서 한 시간 넘게 거주민들이 고생을 하는 경우도 생긴다. 이렇게 되면 현장에 없는 고시원 사장은 애가 탄다. 아무리 설명을 해줘도 입주민이 끄지 못하고 벨이 계속 울리는 것만큼 큰 고문이 없다.

고시원 운영에는 광고 외에 별다른 할 일이 없다. 식당 등 다른 사업에 비해서 시간 할애도 많지 않다. 청소는 청소 아주머니가, 관리는 총무가 한다. 물론 규모 있는 고시원이고 월급을 줄 만큼 매출이 있어야 한다. 때때로 돈을 내지 않고 도망가는 손님이 있고 소소한 사건들도 있었지만, 투입한 시간과 투자금에 대비한 수

익은 훌륭했다. 일주일에 한두 번만 가서 한두 시간을 앉아 있기만 해도 운영에 지장이 없다. 전화로 많은 부분을 해결할 수 있었다. 웬만한 일은 알아서 돌아가는 시스템이 되었다.

　다른 사업 분야에도 그런 사람들이 있지만, 고시원 운영을 잘하는 사람은 고시원만 한다. PC방 운영을 잘하는 사람이 PC방만 개수를 늘려서 하는 거처럼. 일과 관련해서 알게 되는 고시원 사장님 중에는 몇 개씩 운영하는, 정말 고시원 운영의 내공이 팍팍 느껴지는 고수들이 있다.

　앞에서 말한 소방 관련 고충 외에, 고시원 운영의 고충이라면 월 사용료를 받는 일이다. 지역이나 손님층에 따라 다르긴 하겠지만 대부분 고시원 거주자는 경제적으로 약한 사회 초년생이거나 중산층 이하의 비율이 압도적으로 높다. 보증금이 없고 선금으로만 월세를 받기 때문에 더 그렇다. 처음에 몇 달은 월세를 제대로 내지만, 좀 친분이 생기면 신뢰감이 생긴다. 이런 손님이 며칠만 있다가 내겠다고 부탁을 하면 거절하기가 어렵다. 그러다가 며칠이 한 달 되고 한 달이 두 달 되어가는 경우가 왕왕 있다. 고시원 사장 입장에서는 어차피 방이 만실도 아니고, 돈 없으면 나가라고 하기에는 사업적으로 손해이기 때문에 바로 퇴실시키기에 어려움이 있다. 고시원을 운영하면서 법원에 지급명령 신청을 여러 번 했었다.

할애하는 시간이 많지 않지만, 고시원도 사업장이니만큼 늘 신경이 쓰이게 마련이다. 특히나 가끔 야간에 전화를 하는 입실 희망자나 입실자가 있어 괴로웠다. 밤늦은 시간이나 새벽에 전화를 해서 방이 있는지 물어보는 사람이 있다. 그런 사람은 입실 후에도 경우 없는 행동을 할 확률이 높기 때문에 나중에는 처음부터 아예 받지 않았다. 불편사항을 얘기한다고 새벽에 전화하는 경우가 가끔 있어 놀라서 전화를 받곤 했다.

세상 사람들이 다 같을 수 없고 다양하겠지만, 고시원에 거주하고 있는 사람 중에는 특이한 사람들의 비율이 높았다. 수입이 많지 않아 보이는데 노름을 하는 아저씨도 있고, 고시원 방을 잡는데 역술인을 데리고 와서 방을 점지 받는 사람도 있었다. 세상과 등지기라도 하듯이 핸드폰도 없고, 방에서 안 나오는 젊은 여성도 있다. 특별한 수입도 없고 가족도 없이 고시원 방에서 티브이만 보고 사는 사람도 있었다. 지금 생각해보면, 내부 시설의 퀄리티와 가격을 올리고 거주자도 가려서 받는 것이 고시원 운영의 올바른 방향이다.

나중에 고시원으로는 두 번째였던 방 18개의 작은 곳을 운영을 하면서 만났던 최고의 진상이 있었다. 20대 후반의 젊은 여성인데 리플리 증후군이 의심될 정도로 거짓말이 심했다.(처음에는 몰랐다) 입실 후 몇 달 뒤 주변 방에서 강아지 소리가 들린다는 얘기가 들려오기 시작했다. 입실자들이 강아지 소리를 녹음해서 들려주었다. 지목되는 사람은 한 명이었다. 화장실에서 강아지 배변 패드가 나오고 강아지 털이 나왔다. 정황상 확실한데도 계속 거짓말로 일관했다. 거짓말도 잘하고 뻔뻔하고 죄의식이 없었다. 방 안을 보면 그날만 강아지를 어디다 맡겨서 넘어가곤 했다.

어느 날 그 입실자가 없는 날 방안에서 강아지 소리가 났는데, 옆방의 입실자가 방문을 슬쩍 열어 사진을 찍어서 나에게 보내줬다. 전화로 즉시 퇴실해달라고 요청을 했다. 사건이 이상한 방향으로 전개가 되었다. 진상 입실자가 주거침입으로 경찰에 신고한 것이다. 사진을 보내준 사람에 대해 함구하려고 했지만, 경찰에서 나와서 CCTV를 복사해가고 조사를 하는데 말을 안 할 수가 없었다. 주거침입이 형사과로 넘어갔다. 피의자가 된 사람이 대학생이었는데 전과로 남을 수 있어 합의를 고려해야 하는 상황이 되었다. 합의하기 위해 신고자와 피의자 어머니, 할머니가 함께 만났다. 전과자가 될 수 있다는 협박을 하면서 돈을 요구했다. 뻔뻔하게 하대하는 듯한 태도에 두 어른이 놀라고 질려버리셨다고 한다. 거의 한 달을 마음 졸이며 걱정을 하다가 별일 없을 거라는 형사의 위로와 돈을 요구하는 뻔뻔함이 미워 합의 없이 사건이 진행되었고 결국 경미한 처벌로 마무리되었다. 지금 생각해도 가슴이 철렁하며 아찔한 기억이다. 당시 학생 어머니와 전화로 대책을 상의한 시간만 10시간은 된 거 같다.

고시원을 운영하면서 건물 소유주를 대신해서 건물을 관리하는 일도 같이했다. 작은 건물관리는 방화관리자라는 자격증만으로 할 수 있었다. 방화관리자는 2~3일 교육을 받고 마지막 날 시험을 봐서 통과하면 쉽게 취득할 수 있는 자격증이었다. 건물관리 역시 할 일이 많지 않다. 관리비 영수증 발행하고 관리비를 받아서 청소, 공용전기 등 필요한 금액을 집행하면 된다. 보통은 나이 지긋하신 분들이 건물에 상주하며 하곤 하는데, 나 같은 경우는 총무가 상주하고 있었기 때문에 가능한 일이었다.

고시원은 당연히 시설 사업이다. 한 가지 착각하지 말아야 할 것은 고시원은 사업이지 부동산 임대업이 아니다. 플스방과 마찬가지로 감가상각과 리뉴얼에 신경을 써야 한다. 수입의 일정 부분을 재투자 금액으로 생각하고 준비해야 한다.

시설 사업인 동시에 시스템 사업이다. 마케팅과 광고를 잘해야 한다. 온라인 마케팅을 잘 아는 사람이라면 운영하는데 유리한 고지를 점할 수 있다. 좋은 가격에 창업하여 일정 수입 이상이 되고 총무와 청소 직원을 잘 쓴다면, 고시원을 운영하는 사람은 시간과 돈이 자유로운 사람이 될 수 있다. 회사가 일정 시스템을 갖추면 많은 시간을 투자하지 않아도 운영이 되는 것처럼, 자영업 중에 있어서 시스템 운영에 가장 가까운 사업이 고시원이라고 하겠다.

첫 번째 고시원은 A의 말대로 수입이 쏠쏠했다. 보통 월수입이 당시 내 회사 월급의 1~2배가 되었다. 자연히 플스방의 운영은 점점 더 소홀하게 되었다. 플스방은 진작에 부동산에 내놓았다. 스리잡을 하며 열심히 살았다.

주력 사업인 고깃집이 순항하고 있을 때 손님이 붙어서 적당한 금액을 받고 팔았다. 나중에 한참 어려운 상황이 되었을 때가 되고 나서는 고시원 정리가 두고두고 아쉬웠다. 수입적인 측면에서 봤을 때는 계속했어야 했다. 동업자들과 다르게 나만 다른 수입원을 가지고 있다는 게, 왠지 나만 전력을 다하지 않는 기분으로 미안한 마음이 들었다. 주력 업종에 전력하면 더 큰 성공을 거둘 거라는 막연한 자신감이 있었다. 이때 고시원을 계속했더라면, 경제적 상황이 그토록 어렵게 진행되지는 않았을 텐데. 시간은 적게 들이고 직장 월급만큼의 수입으로 큰 도움이 되었을 텐데……

고깃집도
프랜차이즈?
+ 프랜차이즈 고깃집 +

플스방이 있던 한양대학교 상권에 눈에 띄는 고깃집이 생겼다. 가게 앞에 늘 줄이 서있다. 플스방을 왔다 갔다 하면서 유심히 자주 보게 되었다. 늘 장사에 관심이 많은 A에게 얘기해주었다. 유심히 보던 A는 해보고 싶은 마음이 생겼다. 고시원에서 고시 공부를 하며 총무로 있었던 희경이와 같이 해보고자 시장 조사를 시작했다. 창업설명회도 다녀오고, 그 프랜차이즈가 없는 지역을 탐색했다.

어느 날 A가 제안을 했다. 동업을 하기 위해 사주를 봤는데 둘만 있으면 잘 안 될 거 같고 내가 같이해서 셋이 되면 잘 맞는다고 한다. 고시원 인수 건으로 인해 더욱 믿음이 가는 친구의 제안이었지만 아무래도 무리라 생각했다. 내 적성에 요식업이 맞을까라는 의문이 있었고, 현재의 수입에 만족하고 있었다. 플스방이 정리되지 않은 상황에서 뛰어드는 것도 무리라고 생각했다. 그러나 역시 회사 생활은 오래 할 생각이 없던 터였다. 고민이 깊었다.

한동안 고민 끝에 결국 합류하기로 했다. 프랜차이즈 고깃집인 서래갈매기를 처음 제안한 것도 나였고, 가장 욕심이 나는 사람도 나였다. 요식업이 적성에 맞지 않지만, 운영과 관리적인 측면을 맞고 주방에 안 들어가면 그만 아닌가. 이리저리 자기 합리화도 했다. 마침내 회사를 나오기로 했다. 두 번째 회사 생활만 만 8년, 전 회사 생활까지 총 10년 넘는 기간이었다. 회사에 사표를 내고 후임자가 구해졌다.

프랜차이즈 고깃집 '서래갈매기'의 확산세가 매우 빨랐다. 수도권에 멀지 않으면서 서래갈매기가 없는 A급 상권을 찾다 보니 의정부 구시가에 오픈하게 되었다. 수요층이 젊고 유동인구가 많은 좋은 상권이었다. 창업 준비는 동업자가 진행하고 나는 회사 일을 하면서 간접적으로 지원했다. 마침내 나의 퇴사 전에 서래갈매기는 오픈되었고, 일시적이었지만 나는 네 개의 직업을 동시에 가진 사람이 되었다. 플스방은 아직 팔리지 않아 거의 방치한 상황, 고시원은 새로 뽑은 총무에게 맡기고 중요한 일만 직접 처리했다. 아침 6시 반에 일어나서 회사 일을 마치고 의정부로 합류하여 새벽 3시까지 마감을 마치고 집에 돌아오면 새벽 4시가 된다. 낮에 잠깐씩 눈을 붙여도 하루 수면시간이 2~3시간 정도밖에 되지 않았다. 오픈 과정에도 도움이 되지 못했기 때문에 나만 빠질 수도 없었다. 일요일에 부족한 잠을 좀 보충하며, 회사에 미안한 마음에 인수인

계만 한 달을 했다.

　이 당시에 백종원 씨가 만든 '나노 갈매기'가 있었는데 실패했고, 그 외 여러 갈매기살 전문 프랜차이즈가 있었는데 다 실패했다. 마포갈매기라는 프랜차이즈는 그나마 서래 다음으로 성공한 프랜차이즈다. 갈매기살은 '감마기살'이 변형된 말이다. 처음에는 갈매기살이라는 말을 듣고 '날아다니는 갈매기의 고기인가?'라고 생각했다. 감마기 살은 돼지의 심장 판막의 역할을 하는 살로 운동량이 많은 부위라, 돼지고기 부위 중에서 비계량이 가장 적은 편이다. 해외에서는 잘 먹지 않는 부위다. 우리나라에서도 부속 고기(머리 고기 등 일반 삼겹살이 아닌 부위) 또는 뒷고기라는 말로 통칭되며, 인기가 많지 않은 부위이다. 워낙에 꼬릿한 냄새가 난다. 냄새가 나는 부위를 제거하고 맛있는 양념을 해서 구워 먹으면 고소한 맛이 나는데 서래갈매기 본사는 그런 작은 틈새를 이용해서 성공한 프랜차이즈다.

　장사는 우리의 기대대로 중박 이상이었다. 다른 지점들이 다 잘되는 것을 보고 우리도 승리를 거의 확신하고 시작하긴 했지만, 회사까지 그만두고 온 마당에 성공 여부에 온 신경이 다 쓰인 것이 사실이었다. 회사를 완전히 그만두고 나온 어느 날에 나는 문득 완전한 자유를 느꼈다. 가게 일을 마치고 새벽에 들어온 날이었는데, 내일은 회사를 출근하지 않아도 되는 자유의 느낌을 온몸으로 가지게 되었다. 새벽까지 열심히 장사를 하고 온몸에 피곤함을 느꼈지만, 내일은 늦잠을 푹 잘 수 있겠구나 하는 안도감이 따뜻하게 내 온몸에 기분 좋게 퍼졌다. 조금 전까지 많은 손님을 보고, 포스 기계에 찍힌 매출이 떠올라 흐뭇했다. 나도 모르게 새벽 거실에서 만세를 부르며 자유를 만끽했다. 경제적 여유와 회사를 벗어났다는 자유의 느낌이 동시에 풍족하게 느껴졌다.

전업으로 시작한 첫 가게는 운영도 참 재미 있었다. 장사도 재미 있고 팀워크도 좋았다. 다른 가게들보다 많은 시급을 주고, 처음부터 직원들은 높은 기준의 면접을 통해 뽑았다. 일 잘하고 외모도 훌륭한 직원들에, 저렴하고 맛있는 음식으로 동네에서 잘나가는 가게로 인정받아가고 있었다. 모든 면이 다 만족스러웠다.

서래갈매기라는 프랜차이즈만의 활기찬 문화가 있었다. 특이한 억양으로 '어서오세~요' '퐈이어~(fire)' '감사합니다. 안녕히 가~세요'를 외쳐댔고, 웃음과 소통이 가득한 즐거운 일터를 만들었다. 오후쯤에 일어나서 새벽에 잠자리에 들 때까지 기쁜 마음이었다.

처음에는 사장 셋이서 다 근무를 했다. 올인해서 무조건 성공시키겠다는 다짐이 컸다. 나도 고시원과 플스방은 거의 신경을 쓰지 않고 서래갈매기에만 몰입했다. 매출이 올라가고 가게가 자리 잡을 무렵 시간 활용에 더 큰 자유를 가져갔다. 사장이 세 명이니 한 명씩 돌아가면 쉴 여유가 생겼다. 2주 동안 쉼 없이 근무하고 1주는 쉰다. 1주는 짧지 않은 휴가였다. 그 많았던 여유 시간을 뭐 하고 보냈는지 기억이 잘 나지 않는다. 그저 막연하게 즐거웠던 느낌만 남았다. 하나의 보탬도 없이 온 세상이 아름다워 보였고, 세상이 다 내 것 같았다. 그렇게 자유의 행복을 마음껏 느끼고 있었다. 내가 꿈꾸던 인생에 거의 다 왔다고 생각했다. 나이 37살, 생각보다 어린 나이에 사업을 시작하자마자 자유를 얻었다.

전업으로는 처음 시작한 장사에는 이런 저런 해프닝들도 더러 있었다.

오픈 초창기, 손님이 엄청 많은 시간의 어느 날이었다. 바쁘게 서빙 하고 있는데 혼자 온 나이 많은 남자 손님이 사장님을 조용히 부른단다. 가보니 다부진 체격이 범상치 않은 포스의 남자가 혼자 고기와 술을 먹고 있다.

"내가 왕년에 무슨파 XX인데 어제 출소했어. 내가 지금 사정이 급해서 그런데 돈 몇만 원만 줘봐. 손님 많고 장사도 잘되는데 서로 얼굴 붉히면 좋을 거 없잖아."

'인생 이제 좀 피려고 하는데 이게 뭐지? 조폭에 얽히면 괴로울 텐데' 하는 생각이 스쳤다. 해병대 나온 동생 희경이의 "지금 세상이 어떤 세상인데, 그냥 무시하세요"라는 말을 듣고는, 약간 찜찜했지만 그냥 일에 열중했다. 한참 일하고 보니 그 손님이 가고 없다. '별것도 아니구나, 세상 별 희한한 사람들이 다 있네.'

어느 날 사람 없는 시간에 남자 손님 하나가 들어왔다. 자기가 자주 왔던 손님이고 정말 맛있어서 좋아하는 가게라고 한다. 오늘 이 근처에 볼일이 있어 왔는데, 지갑을 잃어버려서 차비가 없는데 차비 만 원만 빌려주면 다음에 먹으러 와서 꼭 갚겠다고 한다. 옷차림새 깔끔하고 멀쩡한, 호남형의 남자 손님이다. 우리 가게를 좋아하고 애용한다고 하는데 매몰차게 모른 척할 수가 없었다. 설마 하면서 돈을 쥐여서 보냈다. 한 달이 지나고 두 달이 지나도 소식이 없다. 나중에 주변 사장님들 이야기를 들어보니 간혹 그런 사람들이 있다고 한다. 적은 돈이지만 보기 좋게 당했다.

음식 장사의 핵심은 주방이다. 고깃집은 더 큰 핵심이 고기라 약간은 성격이 다르지만, 그래도 핵심은 주방이다. 의정부점의 주방 '이모'는 음식을 엄청 잘하고 성격도 온순하셨다. 우리도 잘해드렸고 이모도 우리를 위해 열심히 일해주셨다. 어느 날, 정말 갑자기 이모가 출근을 안 했다. 연락도 되지 않고 출근을 하루, 이틀 안 하고 그게 일주일이 되었다. 그제야 연락이 되어서 '정말 죄송하다'고 내일부터 출근할 수 있다고 한다. 워낙 좋은 사람이라 무조건 빨리 오시라고 했다. 그리고 일 잘하시다가 또 어느 날 갑자기 아무 연락 없이 출근을 안 하신다. 그런 일이 세 번이 반복되었다. 나름의 사정이 있었겠지만 정말 매번 의외로 세 번을 그렇게 하고 나니 같이 장사를 할 수가 없었다. 장사를 하면서 가장 힘든 일 중의 하나가, 사람이 갑자기 출근을 안 하는 일이다. 핵심인 주방이 이러니 온 가게가 휘청거렸다.

　모든 것을 다 이루었다고 생각한 작은 성공이 내 실패의 씨앗이 되어가고 있었다. 결과적으로도 그렇고, 과정으로도 이 당시 회사를 나온 것은 실수였다. 플스방은 정리하고 고시원과 회사원의 생활, 투잡으로 만족해야 했다. 적어도 내가 사업에 대한 준비가 충분히 되었을 때까지는 있어야 했다. 가장 큰 실수는 요식업이 나에게 맞지 않는다는 점이었다. 내 실수의 이유는 이 하나로 충분하다. 적성에 맞지 않는 일을 돈만 좇아 시작하는 것이 패착이었다. 회사를 좀 더 다니면서 내가 정말 하고 싶은 일이 무엇인지 진지하게 고민했어야 했다. 쉽지 않은 일이었겠지만 참고 견디며 내 사업 아이템을 찾았어야 했다. 수입적인 측면에서는 이미 충분히 안정되어 있었기 때문에 아쉬움이 더 크다.

한국의 치킨게임

장단점이 있지만, 처음 장사 하는 입장에서는 프랜차이즈가 편리한 점이 많다. 무엇보다 중요한 것은 좋은 프랜차이즈를 만나야 한다는 점이다. 그런 점에서 처음 만난 서래갈매기는 프랜차이즈로서 괜찮은 본사였다. 가맹비, 교육비도 많지 않고, 재료에서 받는 마진도 크지 않았다. 맛이 좋고 저렴한 아이템도 좋았고, 인테리어를 본사에서 해도 되고 안 해도 되는 점도 좋았다. 감리만 본사 업체를 통해서 받으면 되는 시스템이있다.(나중에는 본사 인테리어를 해야 하는 시스템으로 바뀌었다) 프랜차이즈 창업 요건을 보면 본사가 가맹점을 앞으로 어떻게 대할지 대략 감을 잡을 수 있다.

요즘에 제일 많이 하는 창업 업종인 치킨 프랜차이즈를 보면 답답한 마음이 든다. 저런 레드오션에, 별다를 것도 없는 아이템에 가맹비 등을 내가면서 들어가야 하는지……. 점점 많은 사람들이 준비 없이 자의 반 타의 반으로 자영업을 할 수밖에 없게 되어가는 현실이 안타깝게 느껴진다. '치킨게임'이라는 말이 있다. 과거 미

46

국에 있었던 무모하고 잔인한 게임이다. 한국에도 '치킨게임'이 있다. 지금 한국의 자영업자들에게 벌어지고 있는 무모한 출혈 경쟁이 치킨게임이라고 생각한다. 대부분의 사람들이 적성을 고려하지 않고 요식업이나 편의 음식점을 많이 한다. 돈만을 쫓아서는 안 된다. 적성이라는 최소한의 요건을 생각해야 한다.

의정부 고깃집의 성공으로 다음 해에는 동일한 프랜차이즈로 한 군데를 더 내기로 했다. 세 명이서 처음부터 계획했던 일이었다. 첫 가게를 열 때도 서울에는 입점할 자리가 없어서 수도권으로 왔는데, 몇 개월이 지난 후라, 이제 수도권에도 할 만한 지역이 없었다.

부산까지 여러 곳을 알아보다가 대구 옆의 경산시에 2호점을 열게 되었다. 영남대학교를 끼고 있는 상권으로 역시 젊은 층이 많은 지역이다. 두 번째 가게도 실패를 의심하지 않았다.

의정부에서 일하던 남자 직원 몇 명을 데리고 함께 경산으로 내려갔다. 오픈 초기에 의정부의 운영 방식을 그대로 심고 싶었고 좋은 분위기를 그대로 유지하기 위해서였다. 숙소로 방 두 개짜리 월세 빌라를 얻어서 사장도 같이 내려갔다. 초기에는 동업자 두 명이 경산에서 운영하고 나는 의정부에 남아 있었다. 직원 선발 방식도 의정부와 마찬가지로 높은 급여를 주고 면밀한 면접을 통해서 뽑았다. 역시 지역 상권에서 좋은 평가를 받고 빠르게 자리 잡았다. 첫 가게를 통해 성공의 가능성을 더 높였기 때문에 경산은 처음부터 큰 매장을 얻었고 매출의 증가도 빨랐다. 얼마 가지 않아 의정부 매장의 매출을 넘어섰다.

자리를 잡고 경산과 의정부를 일주일씩 옮겨가는 순환 근무를 했다. 경산에 가 있는 일주일 동안 가족을 보지 못하자 그리움이 컸다. 특히나 이제 6살인 아들 상우의 모습이 눈앞에 아른거렸다. 경산 근무를 마치고 서울에 가서 가족을 만나는 날이면 휴가 나가는 군인의 기분이 들었다. 집에 도착하면 아들이 달려와서 "아빠~"를 외치며 안겨주었다. 경산에서 일을 마치고 돌아온 어느 날은 아내와 아들을 동네 이마트에서 만나기로 했다. 사람이 많던 건널목에서 파란불이 켜지자마자 아들이 "아빠"를 외치며 달려와 내 품에 와락 안겼다. 흐뭇하게 기억나는 장면이다. 내가 세상에서 가장 행복하다는 생각이 절로 드는 순간이었다.

이 무렵 다음(Daum)에 있는 경매 스터디 카페 모임에 나가 부동산 공부를 시작했다. 여기서 나중에 큰 도움을 주는 닉네임 '줄리' 이세연 선배를 만났다. 줄리님은 두고두고 은혜를 갚아야 할 은인이다. "내가 해준 것도 없는데요"라고 늘 말씀하시곤 한다. 그의 말씀을 들으며 '나도 다른 사람에게 도움이 될 수 있겠구나' 하는 생각을 하곤 한다.

경산 가게도 자리를 잡아가면서, 고시원 수입과 고깃집 두 군데

서의 수입으로 한 달 평균 천만 원 이상이 들어왔다. 당시에도 늘 이런 말들이 있었다. "장사가 갈수록 안 된다.", "장사 몇 년 만의 최악의 불황이다." 아이러니하게 당시에 나는 이런 생각이 들었다.

'좋은 아이템으로 좋은 자리에 장사하면 나 같은 초보자도 이렇게 장사로 성공할 수 있는데, 장사가 안 된다는 사람은 왜 그런 거지? 자기 노력이 부족한 거 아니야? 시도해보지 않고 안 된다고 하는 거 아니야?'

아주 큰 성공은 아니었지만, 나는 당시에 계속해서 성공하고 있었다. 내가 자만할 수 있는 환경이 조성되고 있었다. 그래서 이렇게 느꼈다는 말이다. 물론 지금은 절대로 이런 생각이 들어 올 수 없다. 한 번이라도 뼈저린 실패를 해본 사람은 절대로 저런 생각을 할 수 없다. 돌이켜 보면 당시의 성공은, 그저 초심자의 행운이었다.

'가용성 편향(Availability bias)'이라는 말이 있다. 자신의 경험 혹은 자주 들어서 익숙하고 쉽게 떠올릴 수 있는 것들을 가지고 세계에 대한 이미지를 만드는 것이다. 자신의 머릿속에 더 잘 떠오른다고 해서 현실에서도 보편적인 일이 되는 것이 아님에 불구하고 사람은 가용성 편향 때문에 그릇된 생각을 가지고 살아간다.

나중에 《스마트한 생각들》이라는 책을 보면서 내가 가용성 편향에 빠져 있었음을 알게 되었다.

"특정 분야에서 몇 번의 작은 성공을 거둔 사람은 다른 모든 문제 역시 같은 방법으로 해결하려는 오류에 빠진다. 이것은 파리에 가서 런던 지도를 펼치는 것만큼 바보 같은 일이다."

《해빗》에는 마크 트웨인의 말이 쓰여 있다.

"우리가 위험에 빠지는 것은 무언가를 몰라서가 아니다. 무언가를 확실히 안다고 착각하기 때문이다."

좋은 아이템을 가지고 좋은 자리에서 장사 하면, 무엇이든 잘 될 거 같았다. 그런 기분이었다. 편향이었을 뿐이다. 당시의 나는 스스로 대단한 성공철학이라도 만든 거처럼 생각하고 있었다. 착각이 불러온 '오만'이었다. 성공을 한 사람이 가장 조심해야 할 일이다.

'사업을 하고 싶으면 일단 움직여라. 정확한 계획과 실천이 답이다.'

내 머릿속에는 이런 멋진 말이 떠올랐다. 정작 정확한 계획이 무엇인지도 모르면서…….

의정부와 경산 가게가 잘 되고 있던 어느 날 A는 기이한 사업제안을 해왔다. 처음에는 반대했지만, 나중에는 설득되었다. 자만감의 빈틈이 판단에 큰 영향을 미쳤다.

장사를 몇 년 해본 후에 알게 되었다. 잘되는 가게가 얼마나 소중한 존재였는지. 매달 크게 변하지 않고 들어오는 수입이 얼마나 소중한 것인지.

자만감은 큰 화를 불러왔다. 내가 잘나서 하는 성공이라는 생각만이 자만감이 아니다. 진짜 위험한 자만감은 '이제 내가 하는 모든 일은 다 잘될 거 같은 막연한 기대감'이다. 정말 무서운 마음이지만 성공할 때는 좀체 느끼기 쉽지 않았다.

　지금 장사를 하거나 사업을 하는 사람에게 꼭 한마디만 해줄 수 있다면 아마도 '한두 번의 성공으로 절대 자만하면 안 된다'라는 말일 것이다. 누구나 다 알 법한 말이지만, 성공에 도취되어 있을 때는 들리지 않는 말이기도 하다. 언젠가는 나올 직장이었다. 언젠가는 사업을 시작할 일이었다. 그러나 준비가 없었다. 막연히 잘될 거라 믿게 되었다. 무모함에 가까운 자만이었다.

　사람은 엄청나게 단순한 존재이다. 내 성공이 몇 번만 반복되면 영원히 성공할 것이라는 기분에 빠지고 몇 번만 실패하면, 이 패배가 끝나지 않을 것이라는 생각에 빠지게 된다. 반복되는 성공도 실패도 없다는 단순한 사실이 왜 그렇게도 들리지 않는지. 왜 사람은 그렇게도 간사하고 단순한 건지. 잠시만이라도 자신을 먼 곳에서 객관적으로 바라볼 수 있다면 인간은 훨씬 성숙하고 행복하게 살 수 있을 텐데……

　내 사업 인생의 첫 번째 전성기였던 서래갈매기는 너무 아쉽게도 사라졌다. 서래갈매기를 계속했다고 해서 꼭 좋은 결과만을 가져오지는 않았겠지만, 내 자만심과 어우러져 쉽게 사그라진 거 같은 그 시절이 너무 아쉽다. 잘되는 장사를 유지하면서 좋은 기회를 기다렸다면 이토록 처참하고 어이없게 무너지지는 않았을 거라는 생각이 든다. 그리고 그 결정에 큰 영향을 미쳤던 것은 숨겨져 있던 A의 개인적인 사리사욕이었다. 그래서 더 아쉽게 느껴지는 짧았던 황금기였다.

chapter2

돈만
잘 벌면
되잖아

줄서는 가게는
성공이다?
+ 클럽 +

경산에 근무를 갔던 어느 날 의정부에서 데리고 갔던 직원이 뭔가 보고를 하는 전화통화 내용을 우연히 들었다. 누구냐고 물었더니 새로 온 사장님이란다. 그 사람이 CCTV에서 보이는 나를 보고 누구인지 물었다는 것이다. 황당한 상황이었다. 내가 누군지도 모르는 사람이 사장이고, 그 사장이 CCTV에서 나를 보고 내 직원에게 사장인 내가 누군지 물었고 직원은 보고했다는 것이다. 친구였던 동업자에게 물어보니 카페(동호회)에서 만난 형의 투자금을 받기 위한 과정이라고 한다. 경제력이 좋은 동업자와 함께하면 나중에 더 큰 사업을 할 수 있다는 것이다.

"경산 매장의 지분 일부를 넘겨서 같이 사업을 시작하고, 그 지분으로 우리는 주식 투자를 시작하자. 그 형이 주식 큰손인 사람들에게 주식 고급 정보를 가지고 투자를 하고 있으니 그 정보를 가지고 똑같이 따라 하면 더 많을 돈을 벌 수 있어. 형이 나중에 큰 호텔에 들어가는 린넨 사업권을 따게 될 텐데 그것도 같이할 수 있게 된다. 대신 이 형은 내가 혼자 사업하는 거로 알고 나한테 지분을 사는 거로 알고 있으니, 너랑 희경이는 그냥 같이 일하는 사람으로만 말하고 넘어가자."

황당했다. 처음에는 반대했지만, 나중에는 설득되었다. 당시에는 자만심과 쓸데없는 신의로 가득 차 있었다. 대의를 가지고, 큰 그림을 그리고 가자는 결정을 내리고 말았다.

얼마 후에 A가 데리고 온 또 다른 투자자에게 경산 지분의 나머지 절반의 지분 대부분마저도 넘겼다. 몇 달 후에는 더 큰 사업을 구상하면서, 첫 번째 가게인 의정부점은 통째로 다른 투자자에게 매도했다.

자신감을 넘어 자만감이 자라나고 있었다. 무엇을 해도 다 잘되리라 의심하지 않았다.

두 번째 사업 아이템은 더 크고 더 잘나가는, 더 큰 돈을 벌 수 있는 것으로 구상했다. 한신포차였다. 검증된 아이템이다. 전국에 10개 미만으로 매장이 많지는 않지만, 운영하고 있는 모든 가게들이 다 잘되고 있었다. 백종원 씨의 프랜차이즈 가게이다. 당시의 백종원 씨는 요식업계서는 성공한 사람으로 알려져 있었지만, 지금처럼 TV에 나오는 유명한 사람은 아니었다. 한신포차에서 가맹

점을 내주는 조건이 무척이나 까다롭다는 것이 문제였지만, 사기 충천했던 당시의 우리들에게는 이것이 더 끌리는 요소였다.

한신포차는 A급 상권의 1층에 전용 60평 이상의 자리에만 개설 허가를 내준다. 거의 발품에만 의존해야 하는 시절이었기에 두 가지 조건을 만족하는 자리를 찾는 일은 쉬운 일이 아니었다.

가게 자리는 내가 찾았다. 낮이고 밤이고 상권을 누볐다. 서울과 수도권, 인천에 있는 A급 상권의 부동산을 돌아다니면서 큰 매장을 찾았다. 평수가 나온다 싶으면 1층이 아니거나, A급 상권이 아니었다. 조건에 비슷하게 맞는 점포를 찾아서 본사에 승인을 넣으면 번번이 거절됐다. 그렇게 한 달이 지나고 두 달이 지났다. 두 개의 매장을 모두 팔아버리고 월수입이 없었다. 주식 투자를 하고 있었지만 신통치 않았고 시간은 빨리 지나갔다.

요식업 창업을 하는 사람에게 가게 자리를 정하는 일은 가장 중요하면서도 가장 어려운 일이다. 발품을 부지런히 파는 거밖에, 당시에는 좋은 자리를 잡는 별다른 방법이 없었다. 하루 종일 발품 파는 일을 한 달이고 두 달이고 해야 한다. 일이면서 수입이 없는 일이기 때문에 최대한 빠르게 해야 하지만, 그렇다고 좋은 자리가 아닌 것을 알면서 결정할 수도 없는 노릇이다.

두 달을 넘게 수입이 없는 일을 하고 있었다. 어느 날 부천에서 야간 유동인구를 보고 돌아다니고 있었는데 한 매장이 이쁘게 빛나고 있었다. 지하 가게인데 1층에 단독주택 대문만 한 크기의 간판이 세련되고 멋지게 되어 있었고, 그 옆으로는 기다리는 손님의 줄이 기다랗게 서 있었다.

'뭐지?'

1층 가게들도 줄을 잘 안 서는데 지하에서부터 연결된 손님 줄이 1층에까지 연결이 되어 있어? 줄을 따라 내려가 보니 손님 줄이 지하 매장 입구까지 연결되어 있었다.

'첫 번째 가게가 손님 줄을 보고 시작해서 성공했는데, 여기서 오래간만에 다시 줄서기를 보네. 이거 대박 아이템이겠는데.'

가슴이 뛰었다. 프랜차이즈, '세이헬로'. 나의 운명을 바꿀 이름이었다.

다음날부터 세이헬로에 대해서 알아보기 시작했다. 며칠 뒤에 세이헬로 프랜차이즈 사업 본부장을 만났다. 모든 프랜차이즈 가맹 담당자들은 인상이 다 좋다. 세이헬로 지점 두 군데 정도를 더 보고 사업 성공을 확신했다.

세이헬로는 주점이면서 클럽이다. 소주를 파는 클럽. 많은 인원을 받아야 수익이 나는 사업이다. 큰 평수에 인테리어와 부가시설까지 많은 초기 투자비용이 들어간다. 당시의 나에게는 '손님이 줄서 있는 아이템은 성공한다'라는 자기 기만적이고 편리한 편견이 있었다. 성공할 거라는 믿음 외의 것들은 아무것도 보이지 않았다.

'대박 아이템에다가, 동업 팀워크로 장사를 하면 이번에는 초대

박이 나겠다. 좋은 자리만 구하면 성공은 어렵지 않겠구나.'

쉽게 생각했다. 자만으로 꽉 찬 머릿속에서 이 이상의 생각이 나오지 않았다. 동업자들도 비슷한 생각이었을 것이다.

한신포차를 포기하고, 세이헬로를 하기 위해 점포를 다시 찾기 시작했다. A급 상권에 실 100평 내외의 가게를 찾아야 했지만, 이번에는 지하층이면 되었기에 어렵지 않았다. 오래지 않아 동업자 A가 부평 메인 상권에 적당한 자리를 찾았다. 큰 평수에 인테리어, 음향기기, 영상기기까지 갖추면서 큰돈이 들어갔다. 첫 사업이었던 고깃집 두 개 가게의 창업비용보다 더 많았다. 투자자들도 같이 참여하게 되었다.

투자비 투입이 원활하도록, 서래갈매기 때와 마찬가지로 투자자들에게는 동업자 친구만 운영하는 것으로 되었다. 기이한 형태였지만 친구인 A를 믿고 나는 또다시 동의했다.

성공을 확신하던 동업자들은 세이헬로 첫 번째 가게를 오픈도 하기 전에 두 번째 가게 자릴 찾았다. 지금 생각하면 말도 안 되는 일이었지만, 당시에는 '어차피 성공할 거, 빨리 많이 돈을 벌자'는 마음뿐이었다. A급 상권인 안양 1번가에 실 100평의 가게를 찾아서 또 계약했다. 부평점은 동업자이며 동생인 희경이가, 안양점은 내가 맡아서 급여를 따로 책정하여 운영하기로 했다. 동업자 A는 주식투자에 몰두했다. 내 계정까지 모두 맡아서.

밤낮으로 가게를 알아보는 과정은 쉽지 않았지만, 경험을 쌓아나갔고 성장해나갔다. 인생을 스스로 돌아보는 시간을 가질 수 있었고, 정신적인 휴식을 취하면서 다음 단계를 위해 준비하고 있었다.

그럴 리 없지만, 세이헬로에서 성공했고 이 글이 성공한 사람이 쓴 책이 되었다면 난 아마 자만감으로, 이렇게 글을 썼을 수도 있겠다. 그러나 이 글은 크게 실패했던 인생을 바탕으로 만들어진 책이다.

내 인생의 방향을 송두리째 바꿔버린 시간들이었다. 그 몇 달간 내 모든 인생의 방향을 바꾼 일을 하면서 나는 '무조건 성공'이라는 편협한 틀 속에 갇혀 있었다. 실패할 수 있을 가능성에 대해서는 의식적으로 멀리했다. 생각할 가치도 없다고 여겼다. 뭘 하더라도 성공할 거 같은 자만에서 헤어 나오지 못했다. 온 힘을 다해 열심히 했지만, 정작 내 인생을 위해 해야 할 일을 난 아무것도 하지 않고 있었다. 이 모든 일들이 내가 묻혀버릴 무덤을 스스로 팠던 일이라는 것을, 나중에 후회와 함께 깨닫게 되었다.

손님이 최고의
인테리어다

새로 시작한 프랜차이즈 세이헬로는 클럽이었다. 소주 마시는 클럽……. 나이트는 가봤어도 클럽은 가본 적이 없었다. 그런 내가 클럽 운영을 맡았다. 그런데 자신이 있었다. 당시 자만에 빠져 있던 나에게, 장사는 별로 어려운 일이 아니었기 때문이다.

세이헬로의 시작은 찬란했다. 한 달 보름 간격으로 부평이 먼저, 안양이 나중에 오픈했다. 1~2달간 손님 끌어모으기에 성공했고, 연말을 맞아 대박을 쳤다. 예상했던 대로 손님 줄을 세웠다. 성공했던 첫 번째 아이템인 서래갈매기에서도 보기 힘들었던 손님 줄을 자주 세웠다. 그것도 아주 길게. 우리가 있는 상권에서 제일 핫하고 유명한 가게가 되었다. 연말연시의 피크 시즌에는, 한 두 시간 줄은 늘 있는 일이었다. 손님들은 우리 가게에 들어오기 위해 줄을 서는 것을 당연하게 여겼다. 새로운 성인들이 탄생하는 12월 31일 밤에는 손님 줄이 새벽 3시까지 길게 늘어져 있는 진풍경이 벌어지기도 했다. 늘 기다려야 하는 시간이 있다 보니, 줄 안 서고 빨리 들어올 요량으로 사장과 직원들에게 잘 보이려는 손님들이 있을 정도였다. 소주와 맥주를 주로 팔았어도 매출은 크게 뛰어올랐다. 고깃집을 할 때보다 훨씬 많은 수입이 되었다.

'역시 나는 사업 아이템 보는 안목이 있고, 장사를 잘하는 사람이다'라는 생각이 머릿속에서 떠나갈 줄 몰랐다.

처음에 시작한 고깃집도 그랬지만, 소주클럽이었던 '세이헬로'는 2백프로 돈만 보고 시작한 사업이다. 전형적인 요식업이었던 고깃집도 내 적성과 거리가 멀었다. 클럽인 세이헬로는 더더욱 안 맞는다는 걸 알고 있었다. 하지만 해보니 장사라는 것이 별로 어려운 게 없고, 장사를 잘한다는 자만에 빠져 있던 나는 돈 버는 일 이외에는 아무것도 보이지 않았다.

매출액은 예상대로 컸지만, 운영은 쉽지 않았다. 고깃집과 달리 새벽까지 긴 시간 장사를 하는 것은 훨씬 더 고된 일이었다. 아침 5~6시까지 영업을 하고 마감하고 새벽에 운전을 해서 집에 오면 8~9시에 잠을 잘 수 있었다. 아침에 잠을 청하여 오후 4시까지 자도 항상 몸이 천근만근이다. 건강에 좋을 리 없었다. 지병인 간염을 약으로 관리하고 있었는데 이때부터 건강이 악화되기 시작했다. 2011년 당시에는 식당 등 가게 내에 금연하는 법률이 없었다. 가게가 어두워서 보이지 않았지만, 온통 담배 연기로 꽉 차 있었다. 저녁 5시부터 아침 7시까지 14시간 동안 건강에 안 좋은 최악의 환경에 노출되어 있었다.

테이블당 매출 단가가 작지만, 손님이 많기 때문에 아르바이트 인원이 많다. 마진율이 떨어지는 이유이다. 거기다 DJ도 있고 주방도 있다. 오픈 당시의 인원은 전용 100평에 홀서빙 10명, 주방 2명, DJ 2명, 사장까지 15명이다. 웬만한 작은 회사보다 규모가 더 큰 가게가 되었다.

15명의 인원과 재미 있게 일하고 싶었지만, 왠지 처음 장사했던 서래갈매기처럼 가족적인 분위기가 나지 않았다. 단합이 잘되고 사장을 따르는 거 같이 보였지만 겉모습뿐이었다. 워낙 많은 인원을 뽑다 보니 소규모와 다르게 직원들의 인성을 하나하나 깊이 볼 수 없었다. 처음으로 해보는 많은 인원의 운영에도 한계가 있었던 듯싶다.

플스방 청소는 깨끗해야 하지만, 평소에 늘 관리가 되는 부분이다. 고시원 청소는 아주머니가 다 알아서 한다. 고깃집 마감은 비교적 힘들다. 고기 연기 빠지는 연통을 분해해서 내 팔뚝까지 다 넣어서 닦고, 분리된 부분은 식기 세척기를 돌려서 마감을 했다. 모든 먹는 장사 종류를 통틀어서 클럽의 마감이 가장 더럽고 힘들고 할 일이 많다고 자신 있게 말할 수 있다. 영업이 모두 끝나고 마감을 위해 불을 켜면 매장의 처음부터 끝까지 난리 통이다. 온갖 오물이 바닥에 젓가락과 뒤엉켜 있다. 화장실 점보롤 커버는 어디로 날아가고 없다. 영업시간 중에도 식기세척기로 설거지를 계속하지만 마감 시간에도 엄청나게 많다. 100평 가게의 이 모든 마감을 하는데 직원 15여 명이 해도 최소 한 시간 이상이다.

클럽 음악의 소음도 굉장했다. 최고의 음향시설로 빵빵하게 틀어대는 음악은 손님에게는 신나는 것이었지만, 일하는 나에게는 괴로운 소음이었다.

젊은 혈기들이 춤추는 공간에서는 싸움도 자주 일어났다. 동네에서 좀 논다 하는 20대 초반의 젊은 애들이 다 모이는 장소이니 험악한 분위기가 되는 것은 당연한 결과였다. 손님들의 소란, 싸움으로 일주일에 한두 번은 경찰이 출동했다.

보통 클럽이나 나이트에는 기도라고 부르는 건장한 체격의 남자 직원들을 배치한다. 소란을 피우는 손님을 견제하고 제압하기 위한 사람이다. 소주 클럽을 하면서 기도까지 두기에는 좀 애매했다. 일주일에 적어도 한두 번은 홀에서 싸움이 났다. 싸움이 나면 DJ가 음악을 끄고 안내방송을 통해 싸움을 말리고 나가달라는 멘트를 날리지만 별 소용이 없다. 직원들도 말리긴 하지만 소극적이다. 마음 급한 건 사장인 '나'뿐이다. 몸으로 뜯어말리고 떼어놓지만, 이거 놓으라는 날카로운 욕설과 노려보는 눈빛이 되돌아온다. 나이가 어리다고 해도 흥분한 20대의 혈기 왕성한 남자애들이다. 싸움을 말리고 몸싸움을 하다가 다치고 위협받는 순간이 왕왕 있었다.

한번은 남자애 둘이 싸움이 붙었는데 말리다가 손님과 DJ의 싸움이 붙었다. 30대 중반의 나이에 평소에 말이 별로 없는 DJ였다. 손님과 DJ가 거친 말을 주고받다가 매장 밖으로 나간다. 분위기가 엄청나서 무슨 일이 날 거 같아 밖으로 쫓아갔다. 나가자마자 DJ가 손님을 때려 눕히고 빈 병을 깨서 손님에게 달려든다.

"너 내가 누군지 모르지, XXXX야. 내가 병으로 얼굴 그어서 빵에 갔다가 인제 나와서 마음 잡고 좀 살아 보려고 하는데, 도와주질 않네! XX."

순식간의 일이었다. 깨진 병을 얼굴에 대고 있다. 필사적으로 말렸다. 가게 오픈한 지 얼마 되지도 않은 때였다. 소리치며 등 뒤에서 떼어 놓으려 온 힘을 다했다. 얼굴에 깨진 유리를 바로 그어버릴 기세였다. 짧은 순간 머릿속에 온갖 생각이 교차하고 TV 뉴스에 나오는 장면이 그려졌다. 결국 DJ는 참고 일어났다. 무사히 넘어갔지만, 지금 생각해도 등골이 서늘해지는 아찔한 순간이었다.

손님이 매우 많았던 어느 날 새벽에, 여자 아르바이트 아이가 다급하게 달려왔다. 빨리 화장실에 가보시라고. 여자 화장실에 가보니 수도꼭지의 꼭지가 없어졌다. 물이 콸콸 쏟아져 나온다. 맙소사. 대체 어떻게 하면 수도꼭지를 날려버릴 수 있단 말인가? 그때가 새벽 5시쯤이었다. 계량기를 찾다가 못찾았다. 너무 이른 시간이지만 계량기의 위치를 묻기 위해 세이헬로 본사 인테리어팀에 전화를 했다. 이 자리에서 장사를 했던 전 사장님에게도 전화하고 건물 관리실에도 문의하고 여기저기 다 알아봐도 답이 쉽게 나오지 않는다. 2시간 정도 마감을 하면서 물이 쏟아지는 광경을 속절없이 바라만 봐야 했다. 원 수도꼭지의 위치를 빨리 찾지 못하고 마감을 다 끝내고 퇴근하지 못한 채, 아침 식사까지 마치고 11시쯤 되어서야 해결이 되었던 기억이 난다. 이날은 아마 잠을 거의 자지 못했던 거 같다.

"화장실 안쪽에서 문이 잠겨 있는데, 친구가 쓰러진 거 같아요."

화장실 열쇠를 얼른 찾아서 문을 열어보면 술에 취한 여자아이가 화장실에 기대어 잠을 자고 있다. 이런 장면은 한두 번이 아니었다. 한번은 화장실 열쇠를 급하게 찾지 못하고, 다급하여 화장실 문고리를 부수고 들어가서 여자 손님을 구출(?)한 적도 있었다.

안양 1번가는 A급 상권 중에서도 특히 20대 초반 손님의 비율이 엄청나게 높은 상권이다. 그중에서도 세이헬로는 동네에서 가장 잘 노는 아이들이 모이는 가게이다 보니 건물을 관리하는 경비 아저씨의 고충도 많았던 듯싶다. 한 번은 경비 아저씨가 나에게 이런 말씀을 하신다.

"여기 오는 애들은 전부 다 악귀 같아. 다 미친놈들 같애."

세이헬로는 음향도 최고였지만 기다란 한쪽 벽면을 프로젝터 10

대 정도로 연결된 멋진 영상도 최고였다. 신나는 영상이 클럽의 분위기를 한층 끌어올린다. 경쟁 업체는 이런 시설이 없고 음향도 우리보다 한 단계 아래였다. 경쟁 업체가 생겨나도 처음에는 대수롭지 않게 생각했다. 면밀하게 정한 우리 가게의 자리도 가장 좋았다. 한 가지 놓친 점이 있었다. 경쟁 업체들의 사장은 클럽에서 놀아본 경험도 많고 술집이나 클럽 장사 경험도 많았다는 것이다. 가장 중요한 점이었지만 승리에 도취되어 있던 나는 간과했다.

짧은 기간에 대박 경험을 하고 다음 해가 되면서 점차 매출에 문제가 발생하기 시작했다. 주변에 신규업체가 생겨나고 가격경쟁 체제로 들어갔다. 경쟁 업체가 신규 오픈하면서 제일 먼저 하는 일은 무료 손님 끌어들이기다. 안양 1번가 전체 길바닥에 신규 오픈 무료 이벤트, 할인 이벤트 등이 담긴 전단지를 뿌려댔다. 처음에는 손님이 약간 줄어도, 이벤트 기간이 지나가면 곧 회복하리라 생각했다. 신규업체의 오픈빨이 지나가고 어느 정도 회복하기도 했다. 그러나 이벤트는 계속되었고, 기존에 있던 경쟁 업체도 여러 이벤트를 하면서 점점 손님 점유율이 삼파전 형태로 변모되었다. 시간이 지나 여름이 돼가면서 (전체적인 손님의 크기가) 파이가 줄어들었다. 세이헬로가 처음에 시장에 들어왔을 때 100의 손님을 두 개 업소에서 9:1로 나눠서 차지했다면, 3번째 업체가 들어오고 여름이 되면서부터는 60의 손님을 3개 업소가 나누게 되면서 4:1:1로 되어갔다. 그리고 가을이 돼가면서는 3:2:1이 되어갔다.

장사를 하는 데 있어서 '손님이 최고의 인테리어다'라는 말이 있다. 손님이 있어야 또 손님이 들어온다는 의미이다. 이 말이 가장 중요한 장사가 클럽이다. 클럽에는 기본적으로 많은 손님이 있어야 한다. 손님이 없으면 재미가 없다. 늘 시끄럽고 소란스러워야만 한다. 돈이 안 되는 손님도 좀 받아야 한다. 특히 이쁘고 섹시한 스타일의 여자 손님은 많은 혜택을 주면서 단골손님으로 유치하고 있어야 한다.

손님이 입장했을 때 다른 사람들이 얼마나 보이는가가 절대적으로 중요하다. 손님이 입장했을 때가 피크 타임인데도 사람이 별로 없어서 재미없어 보이면 계단을 내려오다가 바로 나가버린다. 클럽 하는 사람들이 보통 '오바이트'라고 하는 현상이다. 3:2:1이 되어가면 매출이 줄어드는 것도 문제이지만 오바이트라는 더 큰 문제가 발생한다. 9의 손님을 가졌을 때는 손님이 못 들어와서 안달이었지만, 3이 된 상황에서는 오바이트 현상이 가속화되기 시작한다.

장사를 하면서 가장 힘든 시간이 오바이트 손님을 보고 있는 순간이다. 차라리 맛이 없거나 자리가 안 좋거나 하면 뭔가 대책을 강구할 수 있는데, 오바이트 손님은 아무리 생각해도 막을 수 있는 방법이 없다. 이 점이 클럽과 일반 요식업의 가장 큰 차이였다. 손님을 더 끌어들이기 위해 3개 업체가 무한 이벤트 경쟁에 들어가고, 출혈 가격경쟁에 들어갔다. 우리뿐 아니라 3개 업체가 공히 오바이트를 겪게 되고, 공히 무한 출혈경쟁을 하게 된다.

테이블이 30여 개. 테이블당 매출의 최소금액이 안주 15,000원 + 소주 1병(4,000원)이면 2만 원가량이 된다. 평균 3~4만 원 매출이 나오고 평일 날 1회전 하면 100여만 원의 매출이 나온다. 주말에는 3~4회전까지 하여 보통 3~4백, 겨울 시즌에는 5~6백만 원까지 나온다. 초창기에 운영이 잘 될 때의 이야기이다. 나중에는 하루에 10만 원도 못 파는 날도 다반사였다.

초창기에 장사가 잘 될 때는 15명 인원에 대한 인건비와 월 임대료 500여만 원, 공과금을 내고도 꽤 큰 수입이 되었다. 말 그대로 잘나가는 가게였다. 그러나 매출이 안 나오면 고정비용이 되는 임대료와 인건비 등은 운영에 큰 부담이 된다. 굳이 말하지 않아도 알겠지만, 장사가 조금만 안 되면 수입이 마이너스가 되어 임대료도 밀리는 처지가 된다.

처음 클럽을 오픈할 때 계획은 바짝 장사하고 6개월~1년 내의 매각이었다. 11월에 오픈하고 몇 개월 장사하고 가게를 매각하려하니 매출이 곤두박질쳐서 아무것도 할 수가 없었다. 어떻게든 떨어진 매출을 다시 올려야 했다. 정 안 되면 연말 때 매출이 대박 날테니 그때 팔고 나와야겠다는 생각으로 버텼다.

클럽 운영을 하면서 몸은 피폐해져 가고 수입은 점점 말라가고 있었다. 수익 배분은 커녕 내 급여도 챙겨가기 힘든 상황이 되어가고 있었다. 이대로 가면 있는 돈마저 다 까먹고 생활하기가 어려워 보인다. 클럽에 더 이상 기대하기 어렵다는 판단이 섰지만 들어간

권리금이 워낙 큰지라 가게가 팔릴 때까지, 수백만 원에 달하는 월세는 낼 수 있도록 버텨야만 했다.

시간이 갈수록 매출은 점점 더 곤두박질쳤다. 오바이트 하는 손님을 두고 볼 수밖에 없었다. 직원들은 멍하게 있는 시간이 많아졌다. 인원을 줄여갔다. 만회하기 위한 무던히도 노력했다. 이벤트를 강구하고, 세트메뉴를 만들었다. 많은 시간 동안 가게 매출 향상을 위해 머리를 짜내었다.

잘못된 한 번의 선택으로 헤어 나올 수 없는 늪에 빠진 것만 같았다. 낮과 밤이 바뀐 생활을 하고 있었지만, 망해가고 있는 가게 앞에서 쉴 수도 없었다. 부평도 상황이 비슷했다. 스트레스는 극에 달했고, 건강은 점점 망가졌다. 간염이 재발했다. 복용하고 있던 약에 내성 돌연변이 바이러스가 생겼다. 무리하면 안 되고, 스트레스를 받으면 안 된다. 하지만 닥치고 있는 현실은 내 건강을 지킬 수 있는 상황이 아니었다.

작은 급여로만 버티다가, 나중에는 그마저도 끊겼다. 시간이 흘러가면서 오바이트는 점점 더 심해졌고 가게 운영은 마이너스가 되었다. 규모가 큰 매장이고 월세 단위가 수백만 원이니 마이너스의 규모도 점점 커져만 갔다.

클럽을 운영하고 1년이 채 걸리지 않은 시간에 나는 수입도 시간도, 건강까지도 잃는 처참한 상황에 빠지게 되었다.

청소년보호법은
악법이다

매출이 많이 나오고 몸이 몹시 힘든 어느 날이었다. 몸이 피곤하여 매니저와 아르바이트 아이들에게 마감을 맡기고 차를 끌고 퇴근을 하는 길이었다. 1월의 안양 1번가 주말 새벽 5시는 저녁 피크타임처럼 사람이 붐벼댔다. 사람이 워낙 많아서 걷는 속도와 비슷하게 서행을 했다. 다닥다닥 붙어가던 행인 무리 중 한 사람이 차의 백미러를 손으로 '퍽' 치는 소리가 났다. 왁자지껄한 젊은 취객의 무리다. 차에서 내려볼까 하다가 취객과 실랑이가 붙어서 좋을 거 없을 거라는 생각이 들어 계속 서행으로 빠져나갔다.

1시간쯤 운전을 하고 집에 들어와서 씻고 막 잠자리에 들려고 했다. 아침 6시 반쯤인데 갑자기 아파트 인터폰 벨 소리가 들린다. 식구들이 잠에서 깰까 봐 얼른 받았다.

"관리실인데요, 104동 000호시죠? 은제민 씨 있나요? 중랑경찰서에서 전화가 들어왔습니다. 02-000-0000으로 빨리 전화해보세요."

이 새벽에 경찰서에서 왜 나를? 벨 소리에 놀랐고, 경비아저씨의 다급한 목소리에 놀랐고, 경찰서에서 나를 찾는다는 소리에 가장 놀랐다. 그때까지의 나는 경찰이나 지구대에 가본 일이 없었다.

"중랑경찰서 ○○과 ○○○입니다."

"제가 은제민인데요, 저를 찾으셨다고요?"

"네 새벽 5시쯤 안양 1번가에서 차량 운행하셨나요?"

"네 그런데요?"

"뺑소니 사건 신고가 되었습니다. 지금 바로 중랑 경찰서로 출두해주셔야 합니다. 음주운전 테스트 지금 바로 해야 하니 지체하지 마시고 바로 와주세요."

황당했다. 뺑소니라는 소리에 놀라고 음주운전도 황당했다. 누명을 쓰면 안 되겠다는 생각에 바로 옷을 갈아입고 중랑 경찰서로 향했다. 새벽 시간에도 형사들이 있다. 드라마에서 봤던 것처럼, 자고 있는 사람도 있고 일을 하는 사람도 있다.

"백미러에 사람 부딪치는 거 모르셨나요?"

"차가 가서 부딪힌 게 아니고 행인이 제 백미러를 쳤어요."

"증명할 수 있나요? 일단 뺑소니와 음주운전으로 신고가 되었으니 음주 테스트부터 하시죠."

피해자와 가해자가 뒤바뀐 상황이었다. 신고자는 더 큰 합의금을 받기 위해서 유흥가 복판에서 운전했던 가해자의 음주운전까지 신고했던 모양이다. 음주 테스트는 당연히 통과되었다. 뺑소니는 형사 사건이다.

'차량과 사람의 충돌이 있으면 운전자는 무조건 내려서 사람의 상황을 보고 연락처를 건네야 한다. 그렇지 않고 그냥 지나갔을 경우 사람이 신고를 하면 뺑소니범이 된다. 억울하면 대응할 수도 있지만 그 위치에는 CCTV도 없으니, 지금 상황은 피해자를 만나서 빨리 합의하는 것이 좋은 방법이다.'

천근만근의 몸을 이끌고 집으로 와서 잠을 잠깐 자는 둥 마는 둥 하고 보험사에 전화해보고 알 만한 친구들에게 전화해서 이것저것 물어보니 이런 결론이 났다. 합의하는 게 상책으로 보인다.

출근 전에 만나서 합의를 해야 했기에 거의 쉬지도 못하고 피해자가 있다는 병원으로 향했다. 상식적으로 다칠 상황이 아니지만, 경찰에게 넘겨받은 피해자의 형에게 전화를 해서 만났다. 20대 초중반의 형은 "동생이 많이 다치지는 않았지만, 병원비와 합의금 50만 원 주시면 합의하겠습니다"라는 취지로 얘기한다. 내키지 않았지만, 큰 사건이 아니고 연초에 액땜했다는 마음으로 50만 원을 입금시키고 합의로 무사하게 넘어가는 것으로 위안을 삼았다.

젊은 층을 상대로 술장사를 하다 보니 제일 걱정되고 문제가 될 수 있는 일은 미성년자 출입이다. 클럽을 처음 시작할 때 지문인식기가 연결된 신분증 검사 기계가 처음으로 시중에 나왔다. 당시 가격이 2백만 원쯤 되는 고가 장비였다. 지금은 주민센터에 가면 다 있는 지문인식기가 우리 가게에 대한민국에서 거의 가장 빨리 도입되었다. 주민등록증을 스캔하여 지문인식기로 지문 일치 여부를 검사하고 주민등록 번호 체계를 분석하여 수정한 숫자를 걸러낸다. 가령 생년이 95년인데 5를 4로 바꿔서 941201 − 1……과 같은 번호가 되면 주민번호 숫자 체계가 맞지 않아 걸러지는 식이다.

출입문 앞에 신분증 검사대가 있고, 그곳을 CCTV로 촬영하여 한층 더 강화한다. 매니저나 사장이 직접 전담 검사를 한다. 미심쩍을 때에는 거기에 더해 지문 모양을 육안으로도 가려낸다. 주민등록증의 지문과 진짜 지문을 대조하여 보면 본인 신분증이 맞는지 아닌지 대략 알 수가 있다.

주변 경쟁 업소들의 악의적인 (견제구 같은) 미성년자 신고도 많았다. 신고를 받고 출동한 경찰들은 보통, 우리가 하는 체계적인 검사 시스템을 보고 돌아가기 마련이었다.

손님이 아주 많았던 겨울 어느 날, 남녀 경찰 2명이 미성년자 음주 신고 접수를 받았다고 들어왔다. 평소와는 다르게 빠른 걸음으로 한곳을 향해간다. 망설임 없이 단 한 명을 검사한다. 미성년자임을 확인하고는 데리고 나간다. 적발된 여자아이는 당황하는 눈빛이 없다. 너무나도 신속하고 일사불란하게 단 몇 분 만에 진행된 일이다. 밖으로 나가보니 마지막 확인 절차를 하고 있다. 지구대로 바로 와달라고 한다. 지구대에 도착해보니 적발된 여자애는 거리낌이 하나도 없다. 걱정하는 눈빛은커녕 당황하는 기색조차 없다. 진술서를 작성하고 돌아와 바쁜 가게를 살폈다.

다음날도 바쁜 주말이었다. 한참을 장사하고 있는데 또다시 경찰 2명이 방문한다. 미성년자 신고접수. '검사를 그렇게 철저하게 하는데도 또 뚫려?. 설마 오늘은 아니겠지'라는 생각을 하며 지켜보는데, 또다시 경찰들이 빠르게 진입한다. 한 명을 정확하게 짚어서 데리고 나간다.

지구대에 갔는데 그 여자아이의 표정이 가관이었다. 미성년자인 나에게 저 가게에서 술을 팔았다고 당당하게 '웃으며' 진술하고 있었다. 그 아이는 미성년자가 술을 먹었을 경우에 처음이면 아무런 법적 제재가 없다는 사실을 알고 있었다. 나중에 들은 소문으로는 주변 경쟁 클럽에서 돈을 주고 미성년자를 보내놓고 자신들이 직접 경찰에 신고했다고 한다. 이렇게 어린아이가 돈을 받고 웃으면서 그런 짓을 할 수 있다니…….

미성년자 적발이 되었어도 주민등록증과 지문까지 철저하게 검사하는 장면이 CCTV에 찍혀 있기 때문에 보통은 정상 참작이 되곤 하지만, 이틀 연속 적발은 무죄를 인정받을 수 있을지 겁이 났다. 거기다가 내가 범법행위를 했다는 심리적인 타격도 있었다.

'아…… 내가 미성년자에게 술을 파는 악덕 업주구나. 악덕 업주가 별게 아니구나. 이런 일이 일어날 수 있구나.'

한 번도 아니고 두 번을 이틀 연속으로 이렇게 될 수가 있을까? 기가 찼다. 이렇게 힘들게 장사하면서, 이렇게 열심히 검사를 하는데 어떻게 이틀 연속 미성년자가 들어올 수가 있단 말인가!

며칠 뒤에 경찰서에서 출두해 달라고 전화가 왔다. 검사장면 CCTV를 USB에 담아서 제출하고 검사과정을 상세히 진술한다. 경찰서를 나와서 가게로 향하는데 비슷한 번호로 또 전화가 온다. 두 번째 날 미성년자 건으로 다른 형사가 전화를 한다. 다음날 출두를 해달라는.

경찰서에 가보니 어제 조사를 했던 형사와 같은 사무실이다. 어제 미성년자 음주 건으로 자기가 조사했던 업주가 오늘 보니 또 다른 미성년자 건으로 적발되어 동료 형사의 조사를 받고 있는 모습을 보면 어떤 반응일까? 보나마나 나쁜 방향으로 생각하고 상습범으로 단정 지을 수 있을 것이다. 그런 생각을 하니 사무실에 들어가기가 두려웠다. 나는 왜 클럽을 시작해서 이런 시련을 맞이해야 한단 말인가.

다행히도 어제 그 형사는 자리에 없었다. 제발 마주치지 않게 해달라는 마음속 기도를 하면서 조용히 들어가서 최대한 빠르고 정확하게 인정하고 자료를 제출했다.

얼굴을 마주치지 않았더라도, 같은 팀의 같은 사무실에서 한 업주가 이틀 연속으로 미성년자 음주 건으로 조사를 받았다는 사실을 안다면 악의적인 업자로 볼 수밖에 없을 것이다. 그런 생각을 하니 눈앞이 캄캄하고 속은 타들어 갔다. 영업정지를 받게 되면 나를 믿고 투자하고, 관리를 맡긴 동업자들 얼굴을 어떻게 볼 것이며, 이제 장사가 잘되는 한겨울에 영업정지로 인한 수입 손실을 또 어떻게 한단 말인가⋯⋯.

　얼마 후 경찰서에서 연락을 받았다. 검사를 충실히 수행한 점을 정상 참작하여 결과는 무혐의. 그리고 또 다음날 두 번째 건에 대해서 역시 무혐의를 받을 수 있었다. 클럽을 운영하면서 미성년자 음주 단속에 걸린 적은 또 있었지만 무사히 잘 넘어갈 수 있었다. 그렇지만 동업자인 회경이가 운영하고 있던 다른 가게에서는 결국 혐의가 인정되어 영업정지 처분을 받고 말았다. 적발된 여자아이가 중3에 해당하는 나이. 너무 어려서 검사를 성실히 한 장면이 인정된다 하더라도 어쩔 수 없다고 한다.

　내가 적발된 경우와 동생이 적발된 경우 모두 공통점이 있었다. 적발된 아이에게는 아무런 제재가 없었다. 그래서 그런 건지 소기의 목적을 달성해서 그런 건지, 아이들은 당황하거나 두려운 모습이 없다. 오히려 웃고 있었다. 경쟁 업소의 사장이 스파이를 시켜서 적진에 침투시키고 또 다른 사람에게 미성년자 음주 신고를 한다는 소문이 돌았다. 더러운 업계에서만 볼 수 있는 더러운 작전.

가끔 청소년 보호법에 관한 얘기가 들려올 때면 클럽 운영할 때가 많이 생각난다. 미성년자를 보호한다고 만든 법이 정말 미성년자를 보호하고 있는 건지, 아니면 아이들이 올바른 길로 갈 수 있는, 더 빨리 바로 잡을 수 있는 기회를 날리게 만드는 악법인지 묻고 싶다. 또한, 착하고 열심히 살고 있지만 여러 가지로 힘들게 장사하고 있는 많은 자영업자들을 더 힘들게 하는 악법인지.

이런 저런 경험을 해본 나는, 후자의 편이라고 자신 있게 얘기할 수 있다.

생계형 1인 매장
+ 고로케 +

가게는 팔리지 않고, 수입이 없는 나락이 계속되었다. 늪에 빠진 것만 같던 어느 날, 동업자 A가 새로운 아이템을 찾았다. 1인 매장으로 운영 가능한 고로케였다. 일본에서 배워온 사람이 직접 운영하고 있는 1인 매장을 가보니 맛이 일품이었다. 시장에서 파는 설탕 묻은 고로케가 아니라, 감자를 기본 재료로 해서 만든 몸에도 좋고 맛도 좋은 아이템이다.

동업자 A는 클럽을 시작하면서 직접운영에는 손을 떼고 집에서 주식투자와 두 개의 클럽 매장에 대한 간접 지원을 하고 있었다. 매출이 점점 떨어지자 다른 아이템을 찾은 것이다. 클럽에 지분투자를 했던 자신의 지인들과 고로케 본점 사장과 의기투합하여 프랜차이즈 사업을 하기로 결정했다.

클럽 운영을 하고 있던 나와 동업자인 희경이는 프랜차이즈 운영에 나중에 본격적으로 참여하기로 했다. 얼마 후 나는 동업자 A와 지분투자를 반씩 하여 숭실대 인근에 고로케 프랜차이즈 분점을 오픈했다. 안양점은 점장을 키워서 맡기고 내가 직접 고로케를 운영했다. 지병인 간염이 악화되어 더 이상 야간일을 하는 게 무리였고, 어떻게든 일정한 수입이 필요했다.

고로케 개당 1,000원~2,500원으로 단가가 낮아 매출을 올리기는 쉽지 않았지만, 클럽에서 지칠 대로 지친 몸과 마음을 추스르고 일정한 수입을 가져갈 수 있을 거라고 생각했다. 점심 무렵부터 일을 시작해서 새벽 1시 정도에 일을 마치고 일찍 잠을 자면서 건강을 챙기기 시작했다.

장사를 잘한다는 자만은 이미 산산히 부서졌다. 고로케 본점에서 워낙 장사를 잘해나가고 매출이 쑥쑥 오르는 것을 본 터라 장사가 안 되리라는 생각은 거의 하지 않았다. 이때에는 '본점이 저렇게 장사 잘되고 맛과 영양이 있는 좋은 아이템인데 설마 또 망하겠어?'라는 자기 합리화를 하는 마음이 자리 잡고 있었다. 이런 합리화를 가지고 숭실대점을 오픈하고 몇 달 후에 신당동에 고로케 2호점을 연달아 열었다. 클럽에서 겪은 실패를 하루빨리 만회하고 싶은 마음이 컸다.

지금 생각하면, 힘든 클럽을 운영하던 차라 1인 매장 2개쯤은 우습게 생각한 마음이 패착이었다. 밤을 꼴딱 새워야 하는 장사도 힘들지만, 1인이 거의 혼자 도맡아 하는 장사도 쉽지 않은 일이었다. 아무리 믿음직한 직원이 있더라도 1인 매장은 그렇게 시작하면 안 되는 일이었다.

아이템이 훌륭하니(그렇게 믿었다) 머지않아 본점처럼 장사가 잘 될 것을 기대하며 하루하루 열심히 일했다. 손이 많이 가고 힘들지만, 매일 밤을 거의 꼬박 새우면 일했던 클럽에 비하면, 진상 같은 어린 손님들과 싸워가며 일했던 클럽에 비하면 일은 훨씬 편하다고 생각했다.

매출은 쉽게 오르지 않았다. 간혹 40만 원의 높은 매출을 찍기도 하고, 손님이 동시간대에 몰리기도 하고 줄을 서기도 했지만, 드문 일이었다. 한두 명 소수의 인원이 일하는 요식업종은 업무의 강도에 기복이 몹시 심하다. 어떤 날은 숨이 찰 정도로 바쁘다. 화장실 갈 시간도 없다. 그러나 그건 같은 시간에 몰리냐 안 몰리냐의 차이에서 오는 업무의 편중에 불과하다. 인원이 3~4명이 근무하는 매장만 되더라도 손님이 몰려도 업무를 분산시키고 체계화된 업무라 할 수가 있다. 그러나 1~2명이 있는 매장에 손님이 몰리면 숨이 막힐 듯 바쁘게 일하게 될 때가 많다.

'젠장, 제발 그만 좀 이제 쉬었다가 와라'라는 생각이 마음속으로 들 때가 한두 번이 아니었다. 내 가게고 내 매출인 데도 말이다. 그렇다고 해서 사람을 더 쓸 수도 없다. 열악한 수익구조 때문이다.

다른 매장도 마찬가지이지만 소규모 매장에서는 특히 사람 관리가 더 중요하다. 갑자기 나오지 않는 아르바이트 결원이 생기게 되면 아무리 강한 멘탈의 소유자도 멘붕이 올 수밖에 없다.

신당점의 기둥 같은 아르바이트가 이런저런 이유로 결국 안 좋게 떠난 후에 숭실대점의 아르바이트를 홀로 남겨두고 내가 신당점을 맡아서 할 수밖에 없는 상황이 되었다. 사람을 빨리 뽑아야 하지만 마음대로 되는 일이 아니기 때문에, 한동안 매장당 한 사람씩 맡아서, 한 달 정도를 쉬지도 못한 채 강한 강도로 일을 하게 되는 상황이 된 것이다.

쉬는 날 없이 2주째 강행군을 하고 있던 어느 날이었다. 숭실대점의 아르바이트 아이가 힘들다는 하소연을 해왔다. 그래도 어쩔 수가 없다고 잘 달래면서 버텨야 했다. 그런 하소연이 온 3~4일쯤 뒤였던 것으로 기억한다. 새벽 5시에 장문의 문자가 온다.

"사장님, 정말 죄송합니다. 제가 더 이상 버틸 수가 없습니다 ……."

피곤한 몸으로 새벽 2시쯤 잠들었다가 새벽에 문자가 와서 놀라서 깼다. 문자의 내용을 보고서 가슴이 '쿵' 하고 내려앉는 것 같았다. 가뜩이나 수입이 별로여서 월세를 내기도 빠듯한데, 믿었던 아르바이트가 이런 문자를 보내고 오늘부터 안 나온다고 한다. 가게

두 군데의 운영을 책임지고 있는데, 한 군데 매장을 오늘부터 문을 열 수가 없다. 그것도 일할 사람이 없어서⋯⋯. 악화일로의 여러 가지 상황에다가 책임감 강한 내 성격이 나를 더 힘들게 했다.

지금도 나는 새벽에 전화나 문자 오는 것에 대한 트라우마가 있다. 새벽에 울리는 소리에도 놀라거니와, 전해오는 소식이 모두 깜짝 놀라게 하는 일들이 많았었기 때문이다.

고시원을 할 때는 입실자가 새벽에 전화를 해서 받았는데 소방 벨이 엄청나게 큰 소리로 들린다. 소방 벨 소리가 엄청 크게 나서 사람들이 다 놀라서 일어났는데, 총무가 밖에 나가고 없다고 한다. 새벽 3시에 차를 운전해서 부랴부랴 고시원을 향하는 가슴이 죄책감과 긴장감으로 두 근 반 세 근 반이다.

클럽을 운영할 때에는 먼저 퇴근하고 잠을 자려고 하는데 직원들에 대한 컴플레인을 하는 손님의 장문의 문자를 받았었다. 클럽 장사를 끝내고 아침에 막 잠들려고 하는 순간 인터폰이 울려 받았더니 경찰서로 빨리 전화를 하라고 한다. 전화를 해보니 음주 뺑소니 신고가 되었다고 빨리 경찰서로 출두하라고 한다. 두 번째 고시원에서는 강아지 소리로 시끄러워서 잠을 못 자겠다는 새벽 컴플레인 전화를 받았다. 이런 일들을 많이 겪고 나니 새벽에 울리는 문자나 전화 소리는 나에겐 트라우마가 되었다. 밤에도 운영하거나 책임이 따르는 매장이 있을 때는 핸드폰을 끄고 잘 수가 없다.

요즘 나에게 가장 행복한 일 중의 하나는 잠을 잘 때 핸드폰을 끌 수 있다는 점이다. 사소하지만 큰 행복이다. 잠자리에 들면서 핸드폰을 끌 때마다 자연스레 느껴지는 안도감에 큰 행복을 느낀다.

손님이 뜸한, 고로케를 많이 만들어놔야 하는 어느 오후 시간이었다. 40대 초반쯤 되어 보이는 남자 손님이 들어왔다. 장발에 굉장히 프리해 보이는 스타일이다.

"안녕하세요. 제가 여기 아파트에 사는데요, 어제 저녁에 여기서 고로케를 사갔어요. 처와 아이들이 밥을 안 먹고 고로케로 저녁을 대신했는데요. 오늘 아침에 온 가족이 배탈이 났어요. 병원에 갔더니 저녁 먹은 게 잘못되었다네요. 약을 먹고 지금은 괜찮은데, 이거 어떻게 보상할 건가요?"

개업한 지 오래되지 않은 시점이었다. 날씨가 더워지기 시작하는 계절이기는 했다. 그렇다고 해도 튀김 음식에 당일 만든 음식이 거의 다 당일 소진되는 시스템인데…… 의심스러웠다.

"많이 놀라셨겠어요. 괜찮으시다니 다행이네요. 그날 만든 음식만 바로 판매하는 시스템인데 이런 일은 저희도 처음이네요. 음식물 배상보험은 되어 있으니 걱정하지 마시구요. 아파트 몇 동에 사세요?"

"1004동입니다."

"일단은 본사와 상의하고 곧 연락드리겠습니다. 여기에 연락처

한번 적어주시고요."

연락처를 받아 적고는 일단 저녁 장사 준비를 했다. 장사도 시원찮은데 마음이 몹시도 불편했다. 혼자였지만 의심스러운 점을 확인하려고 짬이 나는 시간에 아파트로 들어갔다.

'만약에 1004동이 없다면 사기꾼일 텐데……'

아파트에 1004동이 없다! 아파트를 올려다보고, 단지 배치도도 확인해 보았다. 1004동이 아예 없다. 내가 동을 물어보니 사기꾼이 당황해서 제일 먼저 생각나는 동이 천사, 1004동이었던 것이다. 놀란 가슴으로 돌아와서 장사를 시작했다. 다음날 출근해서 받아놓은 번호로 전화를 해보니 없는 번호란다. 동을 애기하고 들통날 것이 두려워서 가짜번호를 적은 모양이다.

몸도 힘들고 마음도 힘든 시절이었다. 지친 몸을 추스르고 돈을 벌어야 한다는 생각으로 본격적으로 내가 직접 주방일을 하는 매장을 시작하게 되었다. 결과적으로 이제 완전히 생계형 자영업자의 길로 들어서게 된 것이다. 그 전의 매장은 며칠쯤 내가 없어도 되는 사업형 매장이었다면, 이제는 내가 일하고 내 인건비를 벌어가는 전형적인 생계형 자영업자가 된 것이다. 매출이 나오지 않아 그나마 인건비도 벌기 어려운 상황으로 전개되었다.

처음의 실패들이 자만형 실패였다면, 고로케의 시작부터는 안절부절 실패였다. 둘 다 비합리적인 생각에서 비롯된 판단이었다는 공통점이 있었다. 전자는 지나친 자만감에서, 후자는 쫓기는 마음에서 시작한 비합리였다.

정신을 똑바로 차리고 현실을 직시해야 했다. 내가 잘할 수 있는 것과 못하는 것을 구분하고, 성공 가능성을 합리적으로 따져봐야 했다. 한번 빠진 장사 통에서 궁지로 몰려가면서 나의 시야는 점점 더 좁아져 갔다. 차라리 아무것도 안 했어야 맞다. 내 생각이 온전하게 돌아올 때까지. 누군가 옆에서 냉철한 조언을 해줄 때까지 아무것도 안 해야 했다.

오래된 경쟁업체를 피해라
+ 곱창 +

안정적인 수입원을 만들기 위해 시작했던 2개의 고로케 매장은
또 하나의 운영난과 마음의 상처만 남게 되었다. 어찌어찌해서 가
까스로 정리할 수 있었다. 1년여 간의 세월과 인건비는 또다시 고
스란히 경제적 타격이 되었다. 친구 재호의 누나와 매형이 곱창 가
게를 하고 있었다. 야채곱창, 순대볶음, 막창 등 돼지 곱창을 하는
데 장사를 실속 있게 잘하고 있었다. 힘들게 버티고 있던 나에게
친구 형석이가 권해왔다.

"재호네 누나가 장사 잘하시잖아. 거기는 인테리어도 별로 필요
없어 보여서 돈도 별로 안 들 거 같아. 누나랑 형님(매형)한테 얘기
해서 배워서 한번 해보는 건 어때?"

바닥으로 고꾸라지고 있는 내가 뭘 가릴 처지가 아니었다. 먹고
살 수 있는 기회가 된다면 마다할 이유가 없었다.

곱창가게를 오픈하기 위해서 두 달 정도를 무급으로 일하면서

교육을 받았다. 교육을 받으며 곱창 가게를 할 자리를 알아보러 다닌다. 가뜩이나 어려운 상황에 급여도 없이 바쁘게 뛰어다니며 하루하루를 버텨냈다. 아침에 10시쯤 일어나서 인터넷으로 가게 자리를 찾거나 자전거를 타고 나가서 부동산을 돌아다닌다. 점심을 대충 때우고 오후 5시쯤에 곱창집에 가서 곱창 교육생이 된다. 11시까지 곱창 만들기와 서빙을 하고 퇴근을 해서 집으로 돌아가면 12시. 씻고 필요한 정보를 검색하고 잠이 든다.

한 달쯤 지나서 시립대학교 인근 떡전교 사거리에 무권리로 나온 괜찮은 자리를 찾았다. 대로변에 나쁜 자리가 아니었는데 급매로 권리금이 없는 데다가 버스정류장이 바로 앞이고 여러모로 좋아 보였다. 당시의 나는 장사를 처음부터 다시 배운다는 생각으로 가게 자리도 모두 곱창을 가르쳐주는 친구 매형의 의견을 많이 듣고 의존했다. 나에게 좋아 보이는 자리인데 형님의 눈에는 차지 않는 자리가 여러 개 있었다. 서울시립대 근처의 떡전교 자리도 그중 하나였다. 형님의 의견을 수렴하여 결국 선택하지 않고 한 달 정도 있다가 자리를 정하게 되었다. 나중에 이 자리에 '서래 맥줏집'이 들어왔는데 이 글을 쓰는 현재까지도 그 가게는 간판이 바뀌지 않고 운영 중이다. 결과론이긴 하지만, 이 당시에 내가 나의 소신대로 이 자리에서 곱창집을 시작했으면 내 운명이 많이 달라졌을 거라는 생각을 하곤 했다.

두 달 정도 이런 생활을 했을 무렵 중곡동 버스 구길이라는 곳에 괜찮은 자리를 찾았다. 평수도 넉넉하고 사람도 많아 보인다. 한 가지 큰 단점이라면 바로 인근에 강력한 곱창 경쟁자가 십수 년째 운영하고 있는 것이었다. 초심으로 돌아간다는 마음으로, 나뿐만 아니라 같이 동업을 하는 두 명의 수입도 같이 만들어야 한다는 막중한 책임감을 가지고 준비했다.

주방 이모도 따로 두고 아르바이트도 두고, 나는 길가에서 보이는 유리 부스에서 곱창을 볶았다. 서래갈매기의 영광을 재현하고 싶었다. 예전처럼 A급 자리는 아니지만, 맛에 자신이 있고 장사도 할 만큼 했다. 하루하루 열심히 하다 보면 매출이 올라와 줄 거라 생각했다. 그렇게 한 달 두 달……. 기대한 만큼의 매출은 따라오지 않았다.

다른 식당도 그렇지만 돼지 곱창을 만드는 과정은 더 많이 힘들다. 프랜차이즈 요식업이랑은 차원이 다르다. 인테리어를 별로 할게 없고, 굳이 A급 상권이 아니어도 시작할 수 있지만, 음식을 만드는 과정이 힘들었다. 막창 초벌을 해내는 과정에서 나는 연기와 음식 냄새 때문에, 인근 가게와 주택가 주민들의 민원도 많았다. 힘들게 장사하는 데 따라오지 않는 수입만큼 지치고 괴로운 게 없다. 수입이 안 오르면 점점 지치게 마련이다.

중곡동의 장사는 희한하게도 매출이 자주 들쭉날쭉하였다. 소규모 가게에서 손님이 갑자기 몰리면 숨 쉴 틈도 없이 바빠지기도 한다. 가게의 규모가 크지 않은데 장사는 들쭉날쭉하다. 이럴 때 제일 힘든 건 사람 관리다. 그렇게 해서라도 매출이 꾸준하게 올라 주었더라면 좋았겠지만, 매출은 변함이 없었다. 이렇게 해서는 나 한 사람의 생계도 유지할 수가 없는 수준이었다.

맛있다는 손님은 많은데 매출은 안 오른다. 돼지 곱창을 새벽 3시까지도 장사를 해보고 여러 가지 방법을 써보았지만 매출은 반등하지 못했다. 6개월 이상을 장사하고도 답이 나오지 않았다. 바로 앞에 있는 강력한 경쟁자 때문이라고 결론지었다. 마침내 자리를 옮기기로 결정하고 가게를 내놓았다.

생활고도 그렇지만, 되는 일이 없다 보니까 자신감이 바닥을 향해 가고 있었다. 자신감뿐만이 아니라 자존감이 문제였다. 초긍정이었던 성격에도 심리적 생채기가 깊어지기 시작했다. 심한 우울감이 느껴지곤 했다. 요식업 사장들이 모이는 네이버 카페에 자주 들어갔었다. 처음에는 장사를 잘 하는 방법을 배우기 위해서 들어갔다. 나중에는 '나도 장사가 안 된다', '5월은 가정의 달이라 지출이 많아서 매출이 떨어진다', '2월은 날짜가 짧아서 매출도 짧다', '11월은 수능이 얼마 남지 않아 매출이 나오지 않는다' 등등의 매출이 나오지 않는 이유를 찾고 마음의 위안을 받는 글들을 읽고 있는 나의 모습을 보게 되었다. 이 사람 저 사람이 끄적여 놓은, 장사가 안 되는 이유를 찾는 푸념들을 읽으면서 마음의 위안만 삼았던 한심한 일들을 스스로 반복하고 있었다.

주변에 장사가 잘되는 가게들을 유심히 보면 꾸준히 잘되는 가게는 모두 오래 장사한 가게들이었다. 특히 먹는장사는 오래 하고 단골손님이 많은 가게가 '갑'이라는 걸 이때 뼈저리게 깨달았다. 처음에 상권분석을 하면서 경쟁 업소의 맛을 봤을 때는 우리가 하는 곱창보다 나을 게 없다고 판단했다. 오히려 우리가 하는 곱창이 연탄불에 굽는 새로운 방식이었고 불맛에 있어서는 우위라고 생각했다. 거기다가 우리에게는 경쟁 업소에는 없는 막창이라는 강력한 무기가 있다. 돌이켜 보면 큰 오판이었다. 단골의 힘을 무시할 수 없었고, 입에 익숙한 맛을 이길 수 없었다. '정말 맛있다'라고 하는 손님은 있었지만, 우리 가게에는 소수의 단골만 있었다. 꾸준한 매출을 올리려면 경쟁 업소의 손님을 뺏을 수 있어야 했는데 그건 역부족이었다. 새로운 가게를 구상하고 있다면, 오래된 경쟁 업소는 반드시 피하라는 말을 꼭 해주고 싶다.

　　이때까지 동업하는 동생 희경이는 돈도 못 버는 부평 클럽에 메여 있는 몸이었고, 동업자A는 이미 우리와 결별한 상황이었다. 동업자의 악행을 이 무렵이 되어서야 알게 되었다. 실패도 힘들었지만 배신감은 더 힘들었다.

　　장사를 하면서 오전을 이용해서 다른 자리를 찾으러 다녔다. 발품을 열심히도 팔아서 성수동 먹자골목 메인 라인에서 골목으로 들어간 자리에 10평 정도 되는 작은 가게를 찾았다. 너무 작은 게 마음에 걸렸지만, 무권리라는 큰 장점이 있었다. 무엇보다 주변에 돼지곱창 가게가 없다는 게 마음에 들었다. 처음 장사를 시작할 무렵과 비교하면 위치나 크기나 권리금이 비교할 수 없을 정도로 초라했다. 곱창을 알려주신 형님의 말씀이, '곱창은 포장이 받쳐주기 때문에 가게 크기는 중요하지 않다'라는 것이었다. 어쨌건 이 무렵 더 내려갈 바닥도 없었거니와, 좋은 자리라고 해도 권리금을 줄 여유도 없었다.

무권리라는 점에다가 내부 인테리어도 크게 손볼 곳이 없었다. 닥트공사를 하고 간판을 바꾸고 식기세척기를 중고로 사는 정도였다. 곱창할 때 쓰는 식재료까지 그대로 중곡동에서 가지고 와서 돈 들 일이 거의 없었다. 가게 오픈이라기보다 광진구 중곡동에서 성동구 성수동으로의 이사였다. 연세가 많으신 트럭 기사 아저씨와 둘이서 무거운 화구까지 옮겼다. 지출을 최소화하는 노가다에 가까운 눈물의 이사였다.

무권리 가게에서
장사하기

중곡동에서 강력한 경쟁상대의 무서움을 뼈저리게 느꼈기 때문에, 두 번째 곱창 자리를 볼 때는 경쟁업소를 가장 유심히 살폈다. 직접 발품을 팔면서 할 만한 자리를 돌아다녔다. 동네마다 야채곱창 가게가 하나씩은 다 있었다. 간신히 힘들게 찾은 자리. 성수동 성수역 인근에는 돼지 곱창을 하는 곳이 없었다. 그러나 세상일이 참······. 우리 가게가 성수동에 오픈한 4일 뒤에 가까운 위치에 경쟁업체가 생겼다. 우리보다 좋은 위치에. 그 가게의 사장도 동네에 곱창 가게가 없는 것을 확인하고 열었을 것이고, 나처럼 오픈과 동시에 경쟁자를 발견하곤 같은 기분을 느꼈으리라······.

가게가 작으니 아르바이트도 한 명으로 충분했다. 다른 야채곱창 가게처럼 가게 앞쪽에 유리 부스를 만들 공간조차 없다. 주방 직원도 없다. 나 홀로 해내야 했다. 요식업으로 발을 들여놓고 장사를 하고 여러 번 망하다 보니 마지막에는 나 혼자 주방을 책임지는 배수의 진을 치게 되었다.

　마지막이라는 각오로 열심히 했다. 앞에서 말했듯이 소규모 매
장은 매출의 변동이 크면 장사가 정말 힘들다. 몇 개월 후에는 클
럽이 모두 정리된 후에 희경이가 돌아와서 작은 매장을 두 명이 운
영했다. 둘 다 혼신의 힘을 다했다. 재미 있는 문구를 가게 안에다
써놓고, 가게 전면에는 동생과 나의 사진을 캐리커처로 만들어서
붙여놓기도 했다. 페이스북도 하고 여러 가지 방법을 강구했다.
　동생이 성수동으로 돌아오고 나서는 점심 장사도 시작했다. 자
리가 좋진 않지만, 직장인들이 많은 상권이니 몸은 힘들지만, 승산
이 있을 거라고 생각했다. 주방일을 잘하는 동생이 어머니에게 육
개장 만드는 법을 배워와서 열심히 만들었다. 맛있었다. 그래도 성
공은 못했다.
　결과적으로 성수동 가게도 성공하지 못했다. 자리가 좋지 않았
다는 점이 가장 컸고, 거의 동시에 생겨버린 경쟁 곱창 가게의 자
리가 먹자통 메인에 위치해 있는 터라 경쟁에서 밀리기도 했다. 운
도 없었다.
　중곡동에서 장사를 할 때는 세월호 사건이 터졌다. 장사도 안 되
고 힘든데 세월호 사건은 나를 더 힘들게 했다. 세월호 사건 때부
터 매출이 뚝뚝 떨어지고 내 마음도 바닥으로 뚝뚝 떨어지는 느낌
이었다.

성수동에서 장사를 시작하고 매출이 올라가고 있었을 무렵 〈이영돈의 먹거리 X파일〉에서 곱창 방송이 나왔다. 그 방송을 가게 안에서 장사하다가 보게 됐는데 그야말로 억장이 무너지는 기분이었다. 사실관계는 중요하지 않았다. 방송은 정말 잔인하고 자극적이었다. 이날 방송은 사회적으로 큰 이슈가 되었다. 바로 다음날부터 매출이 반 토막으로 떨어졌다. 몇 개월 지나면 회복될 것이라고 예상하기도 하고, 나만 깨끗하게 하면 괜찮아질 것이라고 스스로 위로했다. 하지만 이런 위로 따위……. 나에겐 아무런 소용이 없었다. 먹거리 X파일 영향력권에서 조금씩 회복될 무렵, 메르스 사태가 터졌다. 엎친 데 덮친 상황. 메르스 유행 시기에는 (포장조차) 손님을 한 팀도 못 받은 날도 생겼다.

사장 둘이서 장사를 해서 한 달 내내 열심히 막창을 굽고 열심히 일해도 한 달 수입이 20만 원에 머무는 달도 있었다. 하루에 한팀도 없었던 날도 있었다. 그야말로 비참함, 참혹함 그 자체이다. 매출이 안 올라오는 가게에서 느끼는 절망감은, 회사에서 느끼는 그 어떤 스트레스와도 비교할 수 없다. 장사를 힘들게 경험해본 사람은 이 말이 무슨 뜻인지 잘 이해할 것이다. 나에겐, 매출이 올라와 주길 기다려줄 여력과 시간이 없었다. 나에겐 부양해야 할 가족이 있다.

나는 더 버티지 못했다. 1년여 후에, 고등학교 선배가 운영하는 회사에 들어갈 기회가 생겼다. 적성에 맞지 않아 지긋지긋하게 생각했던 회사원 생활을, 안도의 한숨을 쉬면서 다시 들어가게 되었다. 지지부진한 가게는 정리할 때까지만 동생에게 맡겨두었다. 동생 희경이도 몇 개월 후 가게를 정리하고 다행히 지인의 회사로 들어갔다. 6년에 걸친 자영업 생활을 마치게 되었다.

장사 생활 중에서도 가장 밑바닥에 있던 시기였다. 어찌 보면 별일 아닌 일에도 마음의 상처가 컸다.

손님이 없던 어느 날 젊은 남자 손님이 혼자 들어왔다. 자기도 인근 고깃집에서 주방에서 일을 한다고 한다. 업종이 같고 동생과 연배도 비슷하여 동생과 나 셋이서 금방 친해졌다. 얼마 후 동생이 쉬는 날 나 혼자 장사를 하고 있는데 이 손님이 술이 좀 취해서 다시 왔다. 손님도 없고 해서 이런저런 이야기를 주고받았다. 이 손님이 많이 취해가고 마감 시간이 다가왔다. 슬슬 취기에 횡설수설하고 갈 생각을 안 하려고 한다. 지쳐갈 무렵 손님이 일어나서 화장실을 간다.

"이제 상 치울게요."

"네, 그러세요."

상을 치우고 마감준비를 하려고 하는데, 취한 손님이 나와서 소리를 지르며 욕을 한다.

"손님이 잠깐 자리 비웠다고 상을 다 치워? 고기 가져와 이 개

XX야."

욕을 하면서 주먹질을 할 자세다. 인지 부조화. 잠깐 멍했다. 인
생의 바닥이 이런 건가?

장사도 안 되는데……. 나 혼자 이 늦은 밤에 저런 나이 어린 취
한 손님에게 욕이나 먹으려고 내가 장사를 시작했단 말인가…….
온갖 생각이 내 머릿속을 스쳐 지나가고, 그 생각들은 단 한 순간에
나를 비참함으로 떨어뜨렸다.

"치우라고 했잖아!"

손님에게 소리를 질러보는 건 처음이었다. 싸움까지는 가지 않고
손님을 보내고 집으로 돌아오는데 오만 가지의 생각이 내 가슴을
찢어놓는 거 같았다. 서럽고 슬펐다. 내가 아픈 거보다 나를 믿고 기
다려주는 가족의 얼굴이 떠오르며 서러움이 더 크게 느껴졌다.

장사에서 가장 중요한 포인트는 입지이다. 좋은 입지가 아니면
장사를 하면 안 된다. 좋은 입지를 얻을 자금 여력이 안 되면 장사
를 하면 안 된다. 궁지에 몰려서 무권리로 시작했던 장사도 결국
실패했다. 맛에 아무리 자신이 있어도, 장사는 모험으로 시작하면
안 된다는 진리를 다시 한 번 뼈저리게 느끼게 되었다.

chapter3

'7전 7패'와 '7전 8기' 사이

삥땅 열전

장사를 해나가면서, 장사가 안 돼서 겪는 어려움이나 스트레스만큼이나 큰 고난들이 있었다. 그중에서 대표적인 일들이 직원(아르바이트)들의 '삥땅'(법적 용어로 말하면 '횡령')이다.

플스방은 업종 특성상 새벽까지 해야 했다. 직장에 다니고 있었던지라 야간 근무는 거의 아르바이트생에게 맡겼다. 2천 년대 초반 당시에 CCTV는 고가의 장비였다. CCTV를 갖춘 업장도 있었겠지만, 당시의 나는 그렇게까지 할 필요 없다고 생각했고, 유료 보안업체는 더더욱 필요 없다고 느꼈었다.

자꾸 매출이 떨어지는 주말이 걱정돼서 주말 저녁 어느 날 자정이 넘은 시간에 야간 시찰을 나갔다. 평소에 많이 믿고 있었던 20대 후반의 아르바이트이다.

"어, 사장님, 웬일이세요?"

약간 당황하며 어색하게 인사를 한다. 밤 시간인데도 들어가면서부터 시끌벅적한 분위기가 느껴졌다.

"어 그냥. 손님이 많네."

하면서 카운터 모니터를 바라보았다. 많긴 한데, 뭔가 부족한 느낌이다! 책상에 노트를 보니 시간 기록 같은 게 여러 숫자랑 적혀져 있다. 바로 가게 안을 돌아봤다. 들어오면서 느꼈던 소음 그대로다. 야간 시간임에도 불구하고 손님이 꽤 많다. '삥땅'의 촉이 확 온다. 한 바퀴를 휙 돌면서 손님이 있는 자리 몇 군데 숫자를 외워서 카운터로 돌아왔다. '17'번 자리가 카운터 PC에는 비어 있다.

"17번은 손님이 있는데 왜 여기엔 없어?"

조심스럽게 물어봤다.

"아……. 음……. 여기는 들어온 지 얼마 안 되어서 제가 아직 올리질 못했네요."

"30번도 그렇네."

"아……. 여기는 깜빡했네요……."

서로 어색한 눈빛을 주고받았다. 지금 같았으면 더 따져 물었을 것이지만, 그때는 처음 하는 장사였다. 처음 보는 삥땅이었다. 어떻게 해야 현명한 방법인지 순간적으로 머릿속만 복잡해 왔다.

"빠트리지 말고, 잘 체크해라. 밤에 고생이 많다. 수고해라……."

하고 이내 나왔다. 돌아오는 길에 마음이 심란했다. 계산을 치르는 과정이 아니어서 꼭 짚어서 '삥땅'이라 할 수 없었다. 심증은 있는데 물증이 없다. 성실했던 아이라 더 쓰렸다.

곧바로 인터넷에서 CCTV를 구입해서 가게 실내가 전체적으로 보이도록 설치를 했다. 성능이 그리 좋은 것은 아니었지만, 직원들에게 확실하게 던진 견제구였다.

언뜻 생각하면, 고시원은 방법적으로 삥땅이 어려운 구조이다. 방이 차 있으면 장부에 없을 수가 없다. 고시원 총무는 기껏해야 한두 명이고, 손님이 방을 보러 왔을 때 안내해 주는 사람이기 때문에 고시원의 첫인상이다. 다른 업종도 그렇긴 하지만 고시원은 특히 더 매우 신중하게 면접을 하고 잘 웃는 선한 인상 사람을 뽑고는 했었다. 굉장히 잘 웃고 인상이 좋아 보이는 총무가 있었다.

고시원 카운터 뒷방에서 티브이를 보고 있던 어느 날 한 입실자가 찾아와서 묻는다.

"안녕하세요, 원장님이신가요?. 저 가격이 좀 비싼 거 같은데 2만 원 더 깎아주시면 안 될까요?"

내가 직접 받은 손님이 아니어서 처음 보는 얼굴이었다. 장부를 살펴보니 손님이 말한 가격으로 이미 적혀져 있다.

"지금 32만 원에 계신데요?"

"네? 아 아니에요. 2만 원은 따로 현금으로 내는 조건으로 있어서요."

아뿔싸! 들어온 지 얼마 되지도 않은 뺀질한 총무가 그새 머리를 굴려 삥땅을 창조해냈다.

손님에게 2만 원을 깎아주기로 하고 총무를 불러서 물었다. 당황하는 총무는 처음에는 발뺌하더니 이내 실토를 한다.

"죄송합니다. 사장님. 제가 돈이 좀 필요해서 순간적으로 판단을 잘못했습니다."

인적사항과 잘못한 내용을 적은 반성문 내용의 자서 서류를 받았다. 금액이 많지 않지만, 녀석의 미래를 위해서도 이렇게 하는 것이 어른의 도리였다.

서래갈매기를 할 때는 사장이 3명이나 되고 많은 사람이 일을 하기 때문에 더더욱 뻥땅이 쉽지 않다. 그러나 겪을수록 뻥땅은 더욱 참신하고 창의적인 방법으로 바뀐 모습으로 나에게 다가왔다. 동업하는 사장이 나에게 말을 한다.

"애들이 한 번씩 새벽 시간에 지들끼리 고기 파티를 했다네."

"그게 무슨 말이야?"

처음에 들었을 때는 무슨 말인지 이해조차 되지 않았다. 매장에 CCTV가 있고, 사장이 마감까지 같이하는 구조인데 밤에 지들끼리 파티를 한다는 게 대체 무슨 말인지……

말인즉슨 이랬다. 장사가 끝나고 사장이 남아서 같이 마감까지 하고 모두가 흩어진 시간 뒤에 5~6명이 되는 아르바이트 아이들끼리 따로 모여 있다가 30분 정도 후에 다시 가게로 돌아온다. 가게가 'ㄱ'자로 꺾여서 외부에서는 보이지 않는 구석진 테이블에 모여 앉아서 음악을 틀고 고기를 구워 먹고 술을 꺼내먹는다. 소식을 접하고 CCTV를 확인해 보니 새벽 시간 끄트머리에 아이들의 모습이 보인다.

꽤썸함은 있었지만 지나고 생각해보니 웃기는 사건이었다. 우리가 아이들에게 잘해준 것도 있었고, 장사도 잘되고 가게 팀워크가 워낙 좋을 때였다. 아이들끼리도 너무 좋았던 팀워크가 이런 원인이 되기도 했다. 구석진 자리라 CCTV에 안 잡힐 거로 생각했을 터였다. 말은 돌고 돌아 꼬리말이 사장 중 한 명에게 들렸고, 아르바이트 중에 가장 순둥이 같은 아이에게 추궁하니 실토가 나왔다.

한두 번이 아니라 수차례 있었던 자기들만의 파티였다. 강한 경고를 주고, 먹은 거만큼을 계산해서 급여에서 N분의 1로 공제했다. 젊은 날의 실수라고 볼 수도 있지만 어쨌든 범죄였다. 혼자 하는 범행보다는 죄의식은 조금 덜했으리라……

고로케 가게를 할 때도 삥땅이 있었다. 두 개의 매장을 동시 운영하고 있을 때였다. 한군데에 있던 아르바이트가 다른 가게에 대타를 하기도 했다. 대타를 했던 아르바이트가 쉬는 날에 내가 있는 가게에 놀러 왔다. 나와 원래의 아르바이트가 함께 있었다. 아르바이트가 화장실에 간 사이에 조용하게 말한다.

"사장님, 여기 삥땅 있을 거 같아요. 한번 잘 살펴보셔야 할 거예요."

혼자 있는 시간이 많은 매장이라 가능성은 늘 있었다. CCTV만 살펴봐서는 뭐 별개 나올 게 없다. 혹시나 해서 계산기를 두드려 해보았다. 식재료 입고량과 매출량, 재고량. 귀찮았고, 설마 하는 마음에 대략 해보았다. 구멍이 있다. 의외로 큰 구멍이다. 다시 한 번 엑셀로 조목조목 살펴보았다. 확실해 보였다.

'나 성실'이라고 얼굴에 쓰여 있을 정도의 아이였다. 더욱이 신학대학에 다니는 아이였다.

조용한 시간을 찾아서 조심스럽게 물어봤다.

"○○아, 이거 한번 봐라. 재료 입고량과 매출, 재고량 자료인데 차이가 너무 크다. 왜 그런지 설명 좀 해주라."

당황한 모습이 역력하다. 따뜻하게 말해주었다.

"지금 얘기하면 조용하게 넘어가고 용서해줄 거야. 그런데 발뺌하면 일이 커질 거다."

"죄송합니다. 사장님……."

원래 나쁜 친구가 아니다. 예상대로 솔직하게 이야기를 한다.

"제 친구 중에 좀 어렵게 지내는 친구가 있습니다. 한 번 놀러 왔을 때 나중에 먹으라고 몇 개 챙겨주었던 것이 나중에는 자꾸 반복되고 습관처럼 되어 버렸습니다. 죄송합니다……."

가게의 매출이 어려운 상황임에도 이런 짓을 했다는데 큰 배신감이 밀려왔다. 정말 믿었던 아이라 실망감이 큰 상황이었다. 하지만 깊게 뉘우치는 진심이 느껴졌다. 반성문을 받고 다시 열심히 함께하기로 했다.

　이런 뻥땅 사건들을 겪을 때마다 큰 배신감이 들었다. '나'라도 저랬을까 하는 생각도 하게 되었다. '뻥땅'이라는 횡령을 한 아이 중에는 본성이 착한데도 그랬던 아이들도 있고, 진짜로 싹수가 안 보이는 아이도 있다. 반성의 진정성이 느껴지는 사람이 있고 안 그런 경우가 있다. 여러 번 겪을 때마다 깨닫게 되는 것이 있었다. '견물생심'. 뻥땅은 성실함도, 종교도 막지 못했다.

　장사를 하면서 뻥땅을 보지 못했다고 하는 사람도, 미처 눈치 채지 못했던 건들이 있을 수 있다. 내 경험상 뻥땅은 참 창의적이었다. 전혀 예상치 못한 부분에서 가능한 것이 뻥땅이다.

　결과적으로 뻥땅은 범죄이고, 나쁜 짓을 한 사람에게 가장 큰 잘못이 있다. 하지만 인간 누구에게나 나쁜 마음이 있고 돈을 보면 그 마음이 자꾸 커질 확률은 올라간다. 마음이 생기기 전에 그런 구조를 만들지 않아야 하는 것도 사장의 도리이다. 한계는 있겠지만, 내가 할 수 있는 방법을 다 하지 못한 원인도 있다. 사업의 시스템을 만들 때 CCTV 등의 구조적인 방법으로 뻥땅을 생각할 수 없는 방향으로 해야 하는 것도 좋은 사장이 해야 할 일이다. 그것이 함께 일하는 직원을 위하는 방법이고, 사장인 나를 위한 일이다.

도둑은
내부에도 있다

수십 년을 살면서 집에는 도둑질을 당한 적이 한 번도 없었다. 그런데 6년 정도 짧은 기간 장사를 하면서는 가게에 도둑을 두 번이나 맞았다.

플스방 아침 오픈을 내가 하는 날이었다. 지하 계단을 내려가서 철문에 다가갔는데 동그란 은색 쇠문 고리가 심하게 뭉그러져 떨어져 나가 있다. 내 두 눈을 의심하게 된다. 처음 겪는 일이다. 이게 대체 뭘까? 한눈에 도둑이 들었다는 사실을 당연히 알아야 할 터인데, 워낙에 처음 겪는 일이라 내 눈이 잘못된 것인지 의심부터 하게 된다. 몇 분 후에야 상황을 인지하게 되었다. 혹시 도둑이 남아 있으면 어쩌나 하는 두려운 마음으로 가게 안을 들어가 본다. 누가 숨어 있다가 튀어나올까 하는 긴장감을 진정시켜가면서 간신히 구석구석을 살펴본다.

플라스틱으로 되어 있는 카운터용 금고가 무참히 파손되어 있다. 동전 몇 개만 남아 있고 지폐는 모조리 가져가 버렸다. 차라리 금고를 가져가 버리지……. 금고를 보면서 폭행당한 피해자를 보는 듯한 기분을 느낀다. 경찰에 신고를 했다.

CCTV도 없고 목격자도 없어서 도둑을, 이런 좀도둑은 잡기 힘들 거라고 경찰은 나에게 '당당하게' 말해준다. 기껏해야 하루 매출도 얼마 안 돼 보이는 가게에서 도둑 맞았으면 얼마나 맞았겠냐 하는 듯한 경찰의 말투는, 언젠가 친구에게 들었던 경험담에 나오는 그 경찰인가 하는 생각이 들 정도로 수사 의지가 없어 보였다.

처음 당한 도둑인지라, 금전적인 피해보다 심리적인 피해가 컸었던 것 같다. 개업 선물로 친구에게 받았던 금고를 떠나보내고, 문고리를 교체했다. 인터넷으로 CCTV를 검색하다가 발견한, 실물과 똑같이 생긴 CCTV를 계단쪽으로 설치하여 치안 문제를 개선하는 것으로 마무리한 사건이었다. 플스방에는 다행히 다시 도둑맞는 일은 없었다. 의욕 없는 경찰을 보면 너무나 당연하지만, 역시나 그 도둑은 잡지 못했다.

두 번째 도둑은 나에게 심한 금전적 정신적 타격을 주었다. 플스방이나 클럽이나, 나 말고 다른 직원도 많았건만 피해현장을 처음 접한 이는 두 번 다 나였다.

클럽 장사가 몹시 잘되는 한겨울 시즌이었다. 클럽 문을 오후 4시쯤 내가 열었던 날이다. 지하 문을 열고 들어갔다. 불을 켰다. 이것저것 정리를 할 때까지 전혀 눈치를 채지 못했다. 전날 장사한 현금을 은행에 입금하려고 카운터 플라스틱 금고의 '띠링' 하는 소리를 들으며 열었다. 엶과 동시에 내 눈이 휘둥그레졌다. 없다. 없었다. 그 많던 돈이 땡전 한 푼 없다. 금고는 멀쩡한데 돈만 없다.

당해본 사람만 알 것이다. 정말이지 내 눈을 의심하게 된다. 짧은 순간이지만 이 현실을 현실로 인정할 수가 없다. 눈을 비비게 되고, '지금 내가 있는 여기가 현실인가?' 하는 생각이 든다. 바보 같은 짓이지만 본능적으로 금고를 들어서 밑으로 빠졌나 보게 되었다. 불과 몇 시간 전에 꽉 차 있던 금고였다. 몇 분 후에야 결국 현실을 받아들이게 된다.

동전까지 깡그리 가져간 것을 보면 동업자는 아닐 것이다. 그래도 혹시나 하는 마음에 동업자들에게 전화해본다. 결국 체념하고 경찰에 신고를 했다. 플스방 도둑 후 몇 년이 흘러서인가, 지역이 달라서인지, 가게 규모가 커서 그런 건지, 처음 도둑을 당했을 때의 경찰보다는 훨씬 더 성의가 있어 보였다. 여기저기 살펴본다. 좀 있다가 '과학수사'라는 조끼를 입은 경찰도 온다. 도둑을 당했는데 가게 내부가 너무 깨끗하니, 혹시 내부 사정을 잘 아는 관계자인지를 먼저 의심해 보라고 한다. 건물 관리실 관리인에게 가서 물어보았다.

맙소사! 관리인 아저씨가 말을 해준다. 오늘 낮에 클럽 직원이라고 하면서 누가 잠깐 가게 열쇠를 빌려 갔었다고 한다. 그제야 정신을 차리고 CCTV를 돌려본다. 계단 쪽 카메라에 누군가 내려오는 것이 보인다. 얼굴이 정확하게 보이진 않는다. 카운터로 곧장 온다. 금고를 연다. 돈을 다 꺼내는 모습이 보인다. (말이 안 되고 조금 웃긴 상황이지만) 모니터로 그 장면을 내 눈으로 본 다음에야 왜 금고에 돈이 하나도 없었던 것인지 최종적으로 정확하게 인지가 되었다. 계단에 들어오는 모습과 카운터의 모습을 종합해보니 누구인지 알 거 같다. 들어온 지 얼마 안 되는 아이 이ㅇㅇ다! 이제 갓 20대 초반인, 아직 군대도 갔다 오지 않은. 멀쩡하게 잘생긴 태권도 선수를 하고 있다는 아이였다.

이해가 되지 않는다. 관리실에 물어보고 CCTV를 재생해보면 자기가 그랬으리라는 것이 금방 밝혀질 텐데 대체 왜 그랬을까? 장사는 해야겠기에 부랴부랴 잔돈을 만들어 금고에 채워놓고 일을 정리했다. 저녁에 출근하기로 되어있는 이ㅇㅇ는 혹시나 했지만 역시나 출근하지 않는다. 그제야 모른 척 전화를 해본다. 전화를 받는다. 몸이 안 좋아서 오늘 출근을 못 한단다. 죄송하단다. 그 뒤로 며칠을 출근을 안 한다. 결국, 며칠 뒤에 전화로 이야기를 한다.

"ㅇㅇ야, 카메라로 다 봤다. 왜 그랬니?"

"네? 뭘요?"

"가게 도둑맞은 거. 네가 그랬잖아. 경찰도 다 알고 있어."

"……."

"어떻게 할 거니?"

"……."

그 뒤로 녀석을 만날 수는 없었다. 경찰에 자료를 넘겼고, 녀석은 경찰에서 조사를 받았다고 한다. 매일 마감 입금을 하지만 장사가 잘되던 때라 피해액은 현금 3백만 원이 넘었다. 얼마 후 ㅇㅇ에게 전화가 왔다.

"사장님 합의를 좀 해주세요. 안 그러면 제 신상에 빨간 줄 올라간답니다."

"전화도 잘 안 받더니 네가 필요하니 전화를 하는구나. 그러려면 네가 피해액 보상하고 잘못을 빌어야지. 그게 순서 아니니?"

결국, 녀석은 피해액을 보상하지 않았다. 빨간 줄이 뭐가 어떻게 가는지는 잘 모르겠지만, 양심의 가책과 빨간 줄보다 훔쳐간 돈이 더 크게 느껴졌던 모양이다.

급여에서 일부를 제했지만 피해는 컸다. 피해 금액보다 마음의 상처가 컸다. 횡령도 횡령이지만 직원에게 도둑질을 당할 줄은 꿈에도 생각하지 못한 일이었다. 비시즌을 힘겹게 이겨내고 이제 간신히 맞은 겨울 성수기였다. 녀석은 들어온 지 한 달도 안 되는데, 매니저와 애인 관계가 되어 있었다. 그 때문에 관리실에 여분의 열쇠가 있었다는 것을 알고 있었을 것이다.

건물 관리인에게도 잘못이 있었지만 힘없는 노인에게 책임을 물을 수도 없었고, 얼굴도 거의 본 적 없는 임대인에게 책임을 지우기에도 현실적인 어려움이 있었다.

장사도 힘들었지만, 경제적인 어려움도 컸었지만, 중간중간 한 번씩 터지는 작지 않은 사건들이 나를 더 힘들게 했다. 무엇보다 심리적으로 무너지고 지쳐 갔다. 사람에게 상처받는다는 말이 무엇인지를 내 몸과 마음을 다쳐가면서 절대 잊을 수 없을 정도로 뼈저리게 배우고 있었다.

자존감이 뭐였지?

사람이 어려움을 겪을 때 진짜 친구인지 아닌지 확실하게 구분이 된다는 말이 있다. 인생의 바닥을 겪으면서 이 말의 참뜻을 절로 느끼게 되었다.

장사에서 7연패를 겪으면서, 내 용돈이라는 것이 없었다. 돈도 돈이지만, 시간도 없었다. 내가 빠지는 시간이 모두 돈이었기에 쉴 시간도 모두 아까웠다. 술을 먹을 수 있는 몸 상태도 아니어서 더더욱 점점 친구들과 멀어졌다. 가게로 놀러 와주는 친구만 만나게 되었다. 장사해본 사람은 알겠지만, 가게로 놀러 와주는 친구들이 엄청나게 고맙게 느껴진다. 특히 나의 경우처럼 안 되는 가게로 많이 놀러 와주는 친구가 고마웠다. 장사하는 친구에게 할 수 있는 최고의 선물은 자주 놀러가 주는 것이다.

바쁘고 돈도 없다. 술도 못 먹는다. 상황이 이러다 보니 친한 친구 중에도 멀어지는 친구가 생겼다. 마음 아팠다. 내가 선택한 게 아니어서 마음이 더 아팠다.

곱창을 하고 있을 무렵 지금도 기억에 남는 날, 친구 철기의 아이 돌잔치가 있었다. 죽마고우의 아이 돌잔치였건만 나는 갈 수가 없었다. 돌잔치에 빈손으로 갈 수는 없었다. 돈이 하나도 없었다. 생활고가 극심할 때였다. 돈 5만 원도 만들 수가 없었다. 마음이 아프지만 어쩔 수 없었다. 친구에게는 바빠서 갈 수가 없다고 둘러댔다. 철기는 지금까지 그런 줄 알고 있다.

점점 성격이 변했다. 속상한데 화를 낼 수가 없다. 내가 나를 잃어버린 느낌. 화를 낼 일인지 아닌지 판단이 안 된다. 당황스러운데 누가 잘못한 것인지를 잘 모르겠다. 상황을 모면하고 얼버무리고 지나가고 나면, 나중에 속이 더 상했다.

'왜 듣고만 있었을까?'

내가 지금 화를 내는 건 낮은 자존감 때문에 과민반응 하는 게 아닐까? 나 혼자 오버하는 건 아닐까? 자존감이 없으니 기준이 없었다. 기준이 없으니 판단을 할 수가 없다. 그렇게 그렇게, 장사가 안 되고 자존감은 사라져 가고, 생각을 할 수가 없으니 장사는 점점 더 안 되었다. 그래서 또 내 자존감은 사라져 갔다.

과거에는 별로 생각해본 적도, 써본 적도 없는 단어였다. 생소했던 단어 '자존감'. 장사가 안 되고 안 되다가 막바지에 그 말이 내 머릿속에 떠올랐다. 지금 나의 문제가 뭘까? 생각하다가 찾은 답이 이거였다.

'나는 자존감이 없다.'

사람은 적응의 동물이라고 한다. 사람의 적응력이 얼마나 무서운지 처절하게 느껴본다. 자존감이 원래 없었던 사람이다. 그렇게 적응이 되었다. 나는 원래 이런 사람이다. 그렇게 느껴졌다. 다른 사람처럼 평범했던 '나'라는 사람은 내 몸과 마음에 전혀 남아 있지 않은 것처럼…… 처음부터 없었던 것처럼 자존감의 '부재'에 익숙해져 가고 있었다.

하나뿐인 아들 학원 보내기가 힘들어졌다. 변변한 옷도 사줄 수가 없었다. 아내의 동네 친구가 그랬단다.

"아니 아들 하나뿐이면서 옷 좀 사입혀. 왜 그렇게 아끼기만 해?"

마음이 아렸다. 와이프와 같이 마트에 가면 마음이 불안했다. 이것저것 다 사고 싶었지만, 다음 달 카드 값을 메꿀 일에 잠이 안 왔다.

한번은 가게에 있는데 아내의 전화가 왔다.

"이 카드 한도가 초과했대. 왜 그런 거야?"

"어……. 그거 돈을 늦게 넣어서 못 빠져나갔나 보다."

상황이 안 좋은 걸 눈치는 채고 있었다. 그래도 나는 대놓고 말할 수 없다. 심약한 아내가 이런 지경까지 되어 있는 가게 사정을 알게 되면 매일매일 눈물 바람일 거고 밥도 못 먹을 거고 잠도 못 잘 거다. 나 혼자 아프고 나 혼자 잠 못 자고 나 혼자 밥 잘 못 먹고 나 혼자 고민하는 것이 그나마 낫다고 생각했다. 아내가 인제 와서 이런 상황을 안다 한들……. 서로 눈치 채고 있었고 서로 모른 체하며 지내고 있었다. 이래저래 내가 해결해나가야 한다고 생각했다. 힘들었던 시간이 지나가고 나중에 아내에게 들었다. 이 무렵에 식당, 카페, 회사 등등, 일을 해보려고 여러 곳을 알아보았다고 한다. 아직 아이가 어려 시간도 애매하고 흔쾌히 받아주는 곳도 없었다고 한다.

가장으로서 돈을 못 번다는 건 곧 사람으로서의 자존감을 잃는다는 것과 다를 바가 없는 일이었다. 정말 열심히 살았는데…….

'누구보다 더 열심히 살았는데 내 운은 딱 나는 여기까지인가 보다'라는 생각으로 침몰해갔다. 늪에 빠진 것처럼 자존감을 잃어갔다. 마치 내가 처음부터 돈을 못 버는 사람인 운명인 것처럼, 패배감에 익숙해져 갔다.

무기력감을 넘어서 자존감이 없었다. 돈을 버는 사람들이 신기하게 느껴졌다. 다른 사람들은 돈을 어떻게 버는 걸까? 장사하는 사람은 어떻게 저렇게 돈을 벌지? 직장을 다니는 사람은 어떻게 월급을 저렇게 따박따박 받지? 나에게는 말로 잘 표현이 안 되는 생소함이었다.

나에겐 돈을 못 버는 것이 익숙해져 있었다. 메르스 때는 하루 15시간을 넘게 일해도 손님이 한 팀이 없는 날도 있었다. 이렇게 일하는 데 수입이 거의 제로에 가까운 때가 많았다. 이게 당연한데

……. 나에겐 너무나 당연한 일인데……. 저 사람들은 도대체 어떻게 저리 돈을 버는 걸까? 나도 저렇게 할 수 있는 건가? 나 혼자만 다른 세상에 사는 것 같은 이질감이었다.

'앞으로 남은 인생이 얼마가 될지 모르지만, 나는 뭘 해도 안 되는 사람인가 보다.'

나에겐 패배감이 익숙했다. 좌절감이 당연한 느낌으로 내 몸과 마음에 100% 꽉 차 있었다. 그 무렵 〈슈퍼스타 K〉라는 가수 오디션 방송이 인기였다. 어느 날 슈퍼스타 K에서 김필과 곽진언이 부르는 〈걱정 말아요 그대〉를 보게 되었다. 노래가 내 마음을 어루만져 주는 것 같았다. 방송에는 무명 뮤지션이 길거리 버스킹을 하고, 힘들게 살아오는 스토리도 함께 나왔다.

'그대는 너무 힘든 일이 많았죠. 새로움을 잃어버렸죠
그대 힘든 얘기들 모두 그대여 그대 탓으로 훌훌 털어버리고
지나간 것은 지나간 대로 그런 의미가 있죠
우리 다 함께 노래합시다. 후회 없이 꿈을 꾸었다 말해요'

"꿈을 꾸었다……" 나는 한때 행복했던 꿈을 꾸었던 것일까? 꼭 내 얘기 같았던 노랫말이 공감되었다.
'나도 이렇게 힘들게 버텨냈는데, 당신도 버텨내세요.'

나에게 이렇게 말해주는 것일까? 그날 밤 새벽녘까지 잠을 못자고 그 노래를 들었다. 한 노래를 그렇게 오래 반복해서 들어본 건 처음이었다. 노래를 들으면서 과거의 잘못을 생각하며 눈물을 흘렸다. 노래를 들으며 흘린 눈물이 카타르시스를 주는 거 같았다.

〈걱정 말아요 그대〉는 원래 가수 전인권이 만들고 불렀다. 세상 모든 사람에게 위로를 주는 메시지를 담아서 노래로 만들었다고 한다. 모든 사람에게…… 나 같이 모자란 사람에게도. 나 같이 부족한 사람에게도…….

이 노래는 나중에 드라마 〈응답하라 1988〉 OST로 가수 이적이 또 불렀고 나중에 복면가왕에서 음악대장 하현우까지 네 가지의 버전이 있다. 네 곡이 편곡이 다르고 느낌이 다르다.

무명가수의 어려운 생활을 버텨냈던 곽진언 김필의 노래는 '힘들지만, 우리 버텨냈고 이제 좋은 날 올 거예요'라는 느낌이다.

전인권은 '세상 많이 살아보니 별것 없더라. 젊은 사람아, 지금 많이 힘들게 느껴져도 혼자만 그런 거 아니야. 잘 버티면 좋은 날 올 거야'라고 말하는 것 같다.

이적의 노래는 '친구야, 많이 힘들지? 그렇지만 너무 걱정하지 마라. 옆에 너를 사랑하는 사람들이 있잖아. 조금만 더 버텨보자. 곧 좋은 날 올 거야'라고 건네는 다정한 친구 같다.

하현우의 이 노래는, 아직 이때까지 대중적으로 크게 인정받지 못했던 고수의 '내공'이 느껴진다. '실력이 있어도, 저처럼 안 될 때는 안 됩니다. 때가 올 때까지 기다려야 합니다. 조금만 더 참고 기다리세요'라는 위로의 말을 전하는 듯하다.

나는 네 곡을 다 좋아한다. 〈걱정 말아요 그대〉 제목만 들어도 그때 그 시절이 생각이 난다. 힘들었던 날들이 스쳐 지나간다. 지금 힘든 당신에게 꼭 불러주고 싶은 나의 노래다.

나의 실패는 단발성이 아니었다. 수년에 걸쳐 나는 재도전을 해나갔고 7번 연속 실패로 지속적인 좌절감을 느꼈다.(클럽 2개, 고로케 2개＋체인점 본사, 곱창 2개)

'7전 8기' '7전 7패'의 사이에는 '현실'이라는 큰 괴리가 있었다. 더 이상의 도전이 불가능했다. 나는 실컷 두들겨 맞고 링에 쓰러져 있는, 생사를 넘나드는 복서 같았다. 피폐해진 몸도 마음도······ 투자금도 그 무엇도 없었다. 나만 믿고 바라보고 있는 노모와 부양해야 할 가족만 남아 있었다.

더 이상의 밑바닥은 없을 거 같은······. 그저 나는 원래 처음부터 이랬었던 사람처럼 살고 있었다. 그리고 이런 순간이 영원히 지속될 것처럼 침몰해갔다.

2부

자존감을
회복시켜주는
현실독서

chapter4

독서라는
기적

홍 대리를 따라가다

계속된 실패와 생활고로 나는 잠을 편하게 잘 수가 없었다. 타고난 낙천적 성격이었음에도 장사가 안 되는 스트레스는 몹시도 견디기 어려웠다. 장사를 안 해본 친구들에게 가끔 쓰는 비유로 이렇게 말해주곤 한다.

"장사가 안 돼서 받는 스트레스는 회사에서 받는 가장 심한 스트레스의 10배쯤 된다고 생각하면 된다."

곱창 장사를 시작할 무렵부터 심한 불안감과 우울감에 시달렸다. 가게를 동생에게 맡기고 쉬는 날이 되면 오히려 너 안절부절못했다. 쉬는 것 같은 쉼이 아니었다. 마음은 온통 가게로 갔다.

'이제 날씨도 슬슬 추워지는데……. 오늘은 매출이 터져줘야 하는데…….'

무언가 다른 곳에 신경을 돌릴 것이 필요했다. 그래서 만화책을 빌려보기 시작했다. 지금은 거의 없어졌지만 당시만 해도 동네에 만화와 비디오를 빌려보는 곳이 있었다.

아무 생각 없이 웃을 수 있는 만화나 내가 좋아하는 스포츠 만화 위주로 시작했다. 스트레스가 심해지면서 점점 더 자극적인 만화를 찾게 되었다. 《원한 해결사무소》라는 만화책이 기억에 많이 남는다. 원한이 있는 사람들이 사연을 가지고 비밀스러운 원한 해결사무소에 복수를 의뢰한다. 점조직으로 운영되는 원한 해결사무소에서는 요원들이 복수 대상자들인 나쁜 사람들의 심리를 교묘하게 이용해서 또다시 나쁜 짓을 하게 유도한다. 그 나쁜 짓을 적절하게 활용하여 복수를 한다. 몰입도 잘되고 선악 구도가 명확하다. 잔인하기도 하지만 나쁜 놈들을 응징하는 스토리라 그게 더 좋았다. 일말의 스트레스를 해소하며 재미 있게 빠져들었다. 몇 편의 시리즈가 있어서 다 읽었는데, 더 이상 읽을 시리즈가 없어서 아쉬움이 컸다. 특히 미운 사람이 있을 때 읽으면 더 좋은, 스트레스 해소용 최고의 명작이다.

처음에는 스트레스 해소에 도움이 되던 만화책이, 나중에는 없으면 잠을 잘 수가 없을 정도가 되었다. 책방 사장님에게 추천을 받아서 점점 더 자극적인 장르로 빠져들었다. 공포물까지 보곤 했다. 제목이 잘 기억이 안 나는데 어떤 섬에 흡혈귀 같은 존재들이 인간을 식량으로 사육하는 만화가 있었다. 그림도 그렇고 내용이 무서워서 결국 중간에 포기했다.

어느 쉬는 날 어머니 댁에 갔었다. 누나의 책이 있는 책장을 보다가《독서 천재가 된 홍대리》라는 책을 집어 들었다. 표지의 그림이 재미 있다. 프롤로그의 제목이 눈에 들어온다.

'어디서부터 꼬인 거야.'

'지금 나한테 꼭 들어맞는 말이구나'라는 생각을 하며 읽어보기 시작했다. 직장생활을 하는 홍 대리가 겪어가는 어려움부터 나온다. 지금 나의 상황에 비할 바는 아니지만 그래도 직장생활을 했던 터라 공감해가며 읽어 내려갔다. 홍 대리가 독서 고수를 만나서 책을 읽는 방법을 배워가고 조금씩 변화한다. 재미 있게 책을 읽어가며 '또 다른 세상이 있음'을 배워나가는 홍 대리의 이야기가 신선하게 느껴졌다. 홍 대리의 상황에 내 감정이 이입되면서 책에 몰입이 되었다. 홍 대리가 느낀 '책이 재미 있다'라는 감정이 내게도 전해져 왔다.

'책이 정말 재미 있을까? 이렇게 스트레스가 많은 내가 책을 읽을 수 있을까?'

이런 생각을 해가며《독서 천재가 된 홍 대리》를 금세 읽어버렸다. '이런 세상이 있었구나'가 내 마음에 와 닿았다. 어떤 동아줄이라도 잡고 싶었다.

책이 읽고 싶어졌다. 지금 읽어야겠다. 어차피 가게에서 멍하게 있는 시간도 많은데 책을 읽어야겠다. 지금 받은 욕구대로 책을 읽지 않으면 안 될 거 같았다. 지금 읽지 않으면 책을 읽고 싶은 욕구도 금방 사그라들 거 같았다. 더 큰 낭떠러지로 떨어져서 아예 다시 걷지도 못하게 될 거라는 두려움이 있었다.

'그래, '책'이라는 게 있었다. 까짓 거 한번 읽어보자. 홍 대리를 만난 일이 그냥 지나가는 우연이 아닐 수도 있다.' 우연이 아닐 수도 있다! 혹시 나를 좋은 길로 이끌기 위한 신이 주신 '계시'일 수도 있다고 생각을 자꾸만 강조했다. 지푸라기라도 잡고 싶은 심정으로 이런 생각을 스스로 자꾸만 주입했다.

초등학교 때 아동 소설을 좋아하던 친구의 영향을 받아서 몇 권의 소설을 읽기도 했었다. 지금도 제목이 기억난다. 《개구장이 나일등》. 나일등이라는 호기심 많은 개구쟁이가 주인공으로 나오는 소년소설이다. 중고등학교 때의 책은 교과와 참고서뿐이었다. 대학교 시절에도 책을 거의 안 읽었다. 직장인 시절에도 물론 책을 안 읽었다.

독서라는 것을 처음으로 마음먹고 시작했다. 강렬한 동기를 부여받았지만 어떻게 읽어야 할지 아무것도 몰랐다. 무엇보다 책을 읽고 싶어도 돈이 없다. 한 달에 30만 원 버는 가장이 책을 살 수는 없었다. 내가 자라나던 시절과는 달리, 다행하게도 이제는 구별로 구립도서관이 있었다. 구립도서관에 빌려볼 수 있는 책이 꽤 있다. 집에서 걸어가기에는 멀지만, 자전거를 타고 가면 10분이면 갈 수 있는 거리다. 나중에 독서에 빠지고 나서는, 도서관 옆에 사는 사람들이 부럽게 느껴졌다. 아무 때라도 책도 빌릴 수 있거니와, 좋은 환경에서 책을 읽을 수 있을 거 같았다.

《독서 천재가 된 홍 대리》의 맨 뒷부분에는 부록으로 '홍 대리 도서 목록'이 있다. 목록을 핸드폰 카메라로 찍었다. 프린터로 작게 출력했다. 구립도서관에 가서 검색을 한다. 안타깝게도 없는 책도 많다. 책 제목을 보고 꼭 읽고 싶었는데 도서관에 없는 책이 많이 안타까웠다.

이때 도서관에서 빌려 힘들게 읽었던 책들 중에는, 지금 와서는 내가 읽었던 책인지 제목도 가물가물한 것도 있다. 경제적으로 여유가 있었다면 좋은 책을 사서 읽고 소장했겠지만, 그럴 여력이 전혀 없었다. 좋은 책을 만나면, 이 책은 나중에 여유가 생기면 꼭 사서 다시 읽어봐야겠다고 생각했다.

《독서 천재가 된 홍 대리》의 끝에는 5명의 '1년 365권 읽기' 성공 후기가 있다. 지금 이 부분을 넘겨보며 재미 있는 사실을 발견했다. 후기 5명 중에 지금은 베스트셀러 작가인 유근용 님의 후기가 있다. 당시에 읽을 때는 전혀 알 수 없었던 후기 작성자가 지금은 유명한 작가이자 강사가 되어 있다. 유근용 작가는 베스트셀러 《일독일행 독서법》,《1일 1행의 기적》의 저자이다. 2018년 저자특강에서 만났는데, 훤칠한 키와 잘생긴 얼굴에는 어두운 과거를 전혀 느끼지 못할 만큼의 밝은 에너지를 뿜어내는 분이었다.

읽고 싶은 책 제목 중에 도서관에 있는 책을 3권씩을 빌린다. 1인당 3권씩 빌릴 수 있다. 기본 2주간의 대출 기간이고 연장을 하

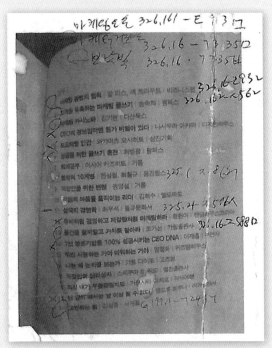

프린터로 출력해서 가지고 다니던 추천 도서목록

목록을 핸드폰 카메라로 찍었다.
프린터로 작게 출력했다.

면 3주까지 가능하다. 스트레스가 몹시 심할 때라 책을 읽기가 쉽지는 않았다. 장사에 도움이 될 만한 마케팅 서적과 가벼운 책 위주로 독서를 시작했다. 그래도 집중이 잘 안 된다. 처음에는 책에서 받았던 독서 욕구가 강렬했지만, 얼마 후에는 '내가 지금 한가하게 책을 읽을 때인가'라는 생각도 종종 하곤 했다. 곱창을 가르쳐준 혜정 누나는 곱창 소스를 가져다주러 왔다가 책을 읽고 있는 내 모습을 보며

"지금 무슨 책을 읽어? 책은 나중에 장사 잘 되고 나서 읽는 거지. 지금 책 읽는다고 뭐가 도움이 되겠어?"
라고 한다. 늘 따뜻하게 보듬어주는 누나에게는, 장사가 안 되는 와중에 책을 읽고 있는 동생의 모습이 더 안타깝게 느껴졌던 거다.

되든 안 되든 집중하려고 노력했다. 마케팅 책을 읽어나가며, 장사의 힌트와 아이디어를 얻고 싶었다. 책에서 받은 영감을 현실에 적용하려고 노력했지만, 책 몇 권 읽고 짧은 시간에 짜낸 아이디어가 금방 장사에 도움이 되지는 않았다.

마케팅 도서 중에 가장 인상 깊었던 책은 세스 고딘의 《보랏빛 소가 온다》였다. 세스 고딘은 《독서 천재가 된 홍 대리》의 추천도서인 《더 딥》을 읽었을 때부터 가장 매료되었던 저자였다. 나중에 여유가 생겼을 때 가장 먼저 구입한 책이기도 하다.

세스 고딘이 이 책에서 강조하는 '리마커블(remarkable)'의 반대말은 'very good'이다. 'very good'은 품질을 말하는 것은 아니다.

아이디어 바이러스가 되냐 안 되냐의 기준점이다. 'very good'은 보통이나 나쁜 것보다 더 나쁘다. 아이디어 바이러스로 퍼질 가능성이 없는 것은 똑같은데 사람들이 좋은 것으로 착각하기 때문이다.

세스 고딘에게 영감을 받고 리마커블에 대해서 생각했다. 너무나도 훌륭한 책 《보랏빛 소가 온다》로부터 큰 영감을 받았지만, 바로 결과로 나타나지는 않았다. 동생과 나의 사진을 캐리커처로 만들어서 크게 뽑아 가게 앞에 붙여놓았다. 행인들이 웃으면서 지나가는 걸 보면 반응은 있었지만, 근본적인 매출개선으로 연결되지는 못했다. 돌이켜보니 온전한 리마커블이 되지 못했다. 겉으로 보이는 일부의 모습만 튀어 보였을 뿐이다. 모든 부분에서 철두철미하게 고객의 욕구를 파악하고 이를 해결하는 방향으로 갔어야 했다.

도서관에 꾸준히 방문했다. 내 회원증으로 3권만 빌리다가 나중에는 아내 회원증까지 동원하여 6권을 빌렸다. 더 나중에는 아들 회원증까지 동원해서 한 번에 9권까지 빌렸다. 아마 이 시기에 중랑구 립도서관에서 가장 많은 책을 빌려 읽는 사람은 나였을 것이다.

점심 장사를 마치고 저녁준비를 끝내놓고 책을 읽는다. 손님이 없는 시간에도 책을 읽는다. 마케팅에 대한 고민이 나를 독서의 세계로 점점 더 강하게 끌어당겼다. 매출에 대한 절실함이 내 독서습관을 만들어갔다.

마케팅 책을 읽고 이 그림을 곱창 가게 앞에 붙여두었다.

●

동생과 나의 사진을
캐리커처로 만들어서 크게 뽑아
가게 앞에 붙여놓았다.

책의 매력에 푹 빠지다

추천 도서 중에 《광고 천재 이제석》이 있었다. 책의 매력에 풍덩 빠지게 해준 고마운 책이다. 얇고 재미 있다. 표지부터가 매우 흥미롭다. 건물에 연기가 나는 굴뚝. 이 평범한 굴뚝, 평범한 건물을 그림 하나로 작품으로 만들어버렸다. 굴뚝을 총열로 하고 벽면에는 권총 몸통을 그려 넣었다.

'대기오염으로 한 해 6만 명이 사망합니다.'

우리나라에서는 인정받지 못하는 '실패자'였다고 스스로 밝힌다. 미국에 무작정 유학을 떠나고 새롭게 시작하여 오로지 아이디어로 새로운 성공을 써 내려간다. 실력보다 스펙을 우선시하는 환경에서 좌절했지만, 실패에서 머무르지 않고 기회를 찾아 무모해 보이는 새로운 도전을 해나갔다. '실패자'로 시작한 진솔한 스토리에서 위안을 받았다.

머리를 쓴다는 것, 생각을 한다는 것. 나는 이 책을 읽으며 생각의 힘에 대해 다시 생각하게 되었다. 계속되는 스트레스로 인해서

'생각'이라는 것을 할 수 없는 상황이기도 했지만, 저자 이제석에 비교하면 나의 생각은 너무 초라해 보였다. '생각'이라는 것을 다시 해야 했다. 힘들어도 내가 재기할 수 있는 길은 이것밖에 없다.

이제석의 광고 작품들을 보며 이제까지의 삶에서 느끼지 못했던 다른 '쾌감'을 느꼈다. 멋지고 멋지고 멋졌다. 기존의 관점, 사물을 약간의 다른 관점에서 바라보는, 미세한 차이로 인하여 완전히 다른 새로운 창조물들이 탄생한다. 생각으로 만들어내는 새로운 세상! 돈이 없어도 새로운 것을 만들어낼 수 있다! 이미 실패한 나도 할 수 있을 거 같다. 오직 생각만으로! 도서관에서 빌려봤던 이 책은 물론 지금은 소장하고 있다.

'생각'이라는 키워드를 머릿속에 입력하고 있을 때쯤 추천도서로 《몰입》을 도서관에서 만났다. 서울대 황농문 교수의 《몰입》은 생각의 몰입이다. 표지에 이렇게 쓰여 있다.

"인생을 바꾸는 자기 혁명 – 생각하고 집중하고 몰입하라"

생각이 내 삶을 발전시키고 풍요롭게 해줄 뿐만 아니라 '생각의 몰입'이 나를 행복하게 만들어준다면 그 이상의 이상적인 삶은 없을 것이다. 책 《몰입》은 그렇다고 말해준다. 생각을 통해서 내 삶을 밑바닥에서 일으켜 세울 수가 있는데, 거기다가 행복할 수 있는 단계까지 된다고? 불교의 화두선, 삼매와 비슷하다. 이 책을 읽고 나서 《몰입, 두 번째 이야기》, 《공부하는 힘》도 읽었다. 학자, 교수라는 황농문 저자의 직업이 무척이나 부러웠다. 이렇게 재미 있고 행복한 세상을 직업적으로 만끽할 수 있다는 것이 너무나도 부러웠다. 나도 그렇게 해보고 싶었다.

몇 년 후에 독서 모임 추천도서로 미하이 칙센트미하이의《몰입의 즐거움》을 만났다. 황농문 교수가 자신이 금속공학 분야의 연구를 해나가는 경험을 바탕으로《몰입》을 써 내려갔다면 미하이는 '몰입'이라는 주제에 대해 학문적인 접근을 보여준다. 미하이는 대부분의 사람이 몰입을 느낄 수 있는 근무환경을 가지고 있다고 말해준다. 칙센트미하이를 통해서 나는《몰입》이 특정한 직업군이 아닌 누구나 일상생활에서 할 수 있음을 느끼게 되었다. 일은 지루하고 재미없고 힘든 것이라고 생각했었다.《몰입》은 그런 나의 생각을, 관점을 완전히 바꿔주었다.

책을 읽고 따라 해보려 노력했다. 책에서 말하는 느낌과 비슷하게는 느껴지는 순간은 사우나의 힘을 빌릴 때이다. 이 책들을 읽고 나서부터는 늘 몰입하려고 의식적으로 노력했다. 사우나에 들어가면서부터 생각에 집중한다. 사우나실에서 나와 찬물로 샤워를 하고 베드에 누우면서 저자가 말하는 쾌감 같은 느낌을 받았다. 정신적인 쾌감이다. 문제에 집중하면서 머릿속에서 창의적인 아이디어가 문득 떠오른다. 생각이 몰입이 되고 몰입이 나에게 오히려 릴랙스와 쾌감을 동시에 주는 느낌이다. 짧은 몇 분의 시간이다. 이와 비슷한 느낌이 고속버스 여행이다. 고속버스를 타기 전부터 생각을 시작한다. 생각하고 몰입하고 차창을 바라본다. 차창 밖의 세상을 멍하게 바라보면서 내 머릿속은 옅은 몰입으로 들어간다. 이때는 쾌감까지는 아니지만, 행복감을 느낀다. 창의적인 생각이 잘 떠오른다. 긴 시간이 아닌 것이 아쉽지만, 황농문 교수로 인하여 내인생의 새로운 가능성을 찾았다.

독서가 서서히 재미 있어질 무렵 도서관에서 추천도서《맥스웰 몰츠 성공의 법칙》을 찾았다. 이 책은 두껍다. 다소 지루하게 느낄 수 있어 독서 초보자가 읽기에는 맞지 않을 수 있다. 그렇지만 조금만 노력하고 재미를 붙여서 읽을 수 있다면, 실패하고 좌절감에 빠진 이들에게 이보다 좋은 책은 없다. 커다란 용기와 자존감을 되찾아준 고마운 책이다.

저자는 성형외과 의사이다. 성형외과 의사의 수많은 사례를 바탕으로 사람들에게 필요한 것은 외모의 성형보다, 실패로 왜곡된 내면의 자아 이미지를 바꾸는 '마음의 성형수술'임을 말해준다. 책의 내용을 읽을수록 저자가 성형외과 의사가 아닌, 경험 많은 심리학자나 정신과 의사가 아닐까 하는 생각이 들었다.

처음에는 제목을 보고는 일반적인 자기계발서인 줄 알았다. 자기계발서가 아니라고 딱 잘라 말할 수는 없겠다. 다만 이 책은 제목처럼 '성공'을 위해 나아가는 방법을 제시하는 다른 자기계발서와는 매우 다르다. 사람의 마음, 자아를 교정하고 '부정적 신념'을 깨는 방법을 알려준다. 실패한 나에게 꼭 맞는 고마운 책이었다. 자존감 없는 내가 왜 그런 것인지, 이를 극복하기 위해서는 뭘 해야 하는지, 어떻게 스스로를 치유해야 하는지 과학적으로 짚어주었다.

"성공과 행복은 정신적인 습관이다"라고 저자는 말한다. 마음과 정신을 다시 일으켜 세우고 행복해지고, 작은 승리에서부터 큰 승리로 나아가는 방법을 다양한 사례와 과학적 근거를 들어 설명해준다. 바닥에 있는 내 자존감은 맥스웰 몰츠를 만나고 작게나마 희망을 가지게 되었다. 이 책 한 권을 읽고서 사막에서 오아시스를 만난 느낌보다 더 큰 고마움을 느꼈다면 당시의 내 마음을 다 표현할 수 있을까? 그것으로도 모자랄 수 있다고 생각한다.

손님들과 종종 친해지곤 했다. 숭실대학교 앞에서 고로케 가게를 할 때 숭실대 학생과 가까워졌다. 이런저런 이야기를 주고받다가 책 이야기가 나왔다. 마케팅 서적을 많이 읽는다고 한다. 자기가 가지고 있는 책 중에 정말 재미 있게 읽었던 스테디셀러《마케팅 전쟁》을 추천해주고 빌려주었다. 엘 리스와 잭 트라우트 공저의 《마케팅 전쟁》에 흠뻑 빠져들었다. 마케팅을 전쟁에 비유한다. 책의 표지에는 '클라우제비츠의《전쟁론》에서 배우는 21세기 마케팅 행동 원칙'이라고 쓰여 있다. 가장 많이 쓰는 단어가 '공격', '방어',

'게릴라', '승부', '전쟁'. 그 자체로 참신한 발상이다. 참신할 뿐 아니라 실제 마케팅 사례들과 착착 들어맞는다.

미국 기업들의 실제 사례들을 전투이론과 묶어서 새로운 이론으로 만들어 설명해준다. 책에 푹 빠져든다. 내가 기업의 마케터가 된 듯, 승부를 보는 게임을 하듯 긴장과 통쾌함의 연속이었다. 나중에 읽게 된 같은 두 저자의 공저《마케팅 불변의 법칙》과《포지셔닝》도 깊은 통찰력과 재미를 주었다. 이 책들로 인해 마케팅의 매력에 흠뻑 빠지게 된다. 한 가지 아쉬운 점이라면 대기업들의 사례이기 때문에 아직 경험과 내공이 일천했던 자영업자가 바로 응용해 볼 만한 팁은 많지 않았다. 나는 마케팅에 적성이 맞는 사람이 아니었을까 하는 생각을 하게 만들어준 책이다. 빌려보는 것에 만족해야 했던 이 책 역시 나중에 구입해서 소장했다.

책을 읽기 시작한 처음에는 마케팅 책을 많이 접했다. 책을 통한 직접적인 보상을 빨리 받고 싶었다. 마케팅 책을 읽고 적용해서 경제적인 안정을 가지고 싶었다. 열심히 읽고 적용해보려 노력했지만 생각만큼 쉽지는 않았다. 매출로의 연결은 쉽지 않았다. 읽은 만큼 적용하지는 못했던 것 같다. 그래도 이 무렵에 열심히 읽었던 독서가 나를 책으로 빠져들게 했다. 읽다 보니 책이란 것이 '뜻밖에도' 재미가 있었다. 점점 책에 빠져들고 있었다.

읽어야 산다

《독서 천재가 된 홍 대리》를 읽고 나서 이지성, 정회일 공동저자에게 관심이 갔다. 이지성 작가는 알고 보니 꽤 유명한 사람이었다. 《꿈꾸는 다락방》 등의 베스트셀러를 곧이어 읽어나갔다. 《꿈꾸는 다락방》에 나오는 'R=VD' 공식을 보면서 실천하기도 했다. 내가 쉬는 날에 가게를 생각하면서 손님이 많이 들어오는 상상을 하고, 다시 장사가 잘되어 나가면서 여유 있는 경제생활을 되찾는 꿈을 꾸어 나갔다. 그 무렵 누나의 책꽂이에 있던 《시크릿》을 같이 읽었다. 생생하게 꿈을 꾸면 현실이 된다는 비슷한 부류의 책이었다. 내 믿음과 상상이 구체적이지 않았던지, 가게가 다시 일어나는 일은 일어나지 않았다.

《리딩으로 리드하라》는 고전을 읽어나가면서 사람의 두뇌가 개발되고 그로 인해 훌륭한 인재가 될 수 있다는 내용이다. 고전을 읽는 독서가 진정한 교육이라고 한다. '독서를 통해 나를 다시 일으켜 세우고 발전시킬 수 있겠다'라는 희망을 구체적으로 품게 되었다. 같이 일하는 동생 희경이에게 이렇게 말했다.

"희경아, 이제부터 나는 책을 많이 읽을 거야. 책을 읽어서 천재
가 되어서 우리 가게도 살리고 우리도 같이 잘살게 될 거야."

그리고, 홍 대리의 또 다른 저자인 정회일 작가. 당시에는 그다
지 유명한 사람은 아니었다. 지금은 꽤 유명한 영어학원 원장이 되
었다. 이분이 쓴 다른 책을 찾아보니 《읽어야 산다》가 있었다. 제
목에서부터 필(feel)이 왔다. 돈이 없어서 역시나 책을 구입하지 못
하고 빌려서 읽었다. 첫 번째 챕터의 제목이 '잃다 읽다 일다'이다.
저자는 아토피를 앓고 있었다. 치료가 잘되지 않았다. 치료를 위해
복용했던 연고, 주사, 약들이 사실은 오히려 몸에 매우 위험할 수
있는 스테로이드였다. 중학생부터 복용한 스테로이드가 가시적인
효과를 내고는 했지만, 결과적으로 점점 더 심각한 스테로이드 중
독이 되어갔다. 중학교 때부터 7년간 스테로이드를 복용하고 나서,
피부가 검게 죽어가는 증상을 겪고 나서야 인터넷을 통해서 겨우
올바른 정보를 얻을 수 있었다.

"스테로이드제로 완치할 수 있다고 했던 의사들 모두 사기꾼이
에요. 계속 복용하다가는 언제 쇼크사할지 몰라요."

부모님께 이렇게 말하고서는 스테로이드제를 중단한다. 그리고
는 지옥을 경험한다. 아토피 재발로 피부가 터지고 진물이 난다.
손발이 붓고 피부가 갈라지고 일어서지도 못하고 당연히 걸을 수

도 없다. 가려움으로 몸을 짐승처럼 긁어서 손톱이 다 닳아 없어진다. 손톱이 없으면 물건을 집을 수 없다는 것을 처음 느끼게 되었다고 한다. 잠을 잘 수가 없고 천식 발작을 일으켰다. 갈증이 심각해서 하루에 물을 20ℓ를 마셨다. 그래서 화장실을 가면 몸은 또 녹초가 된다. 이런 지옥을 2년 동안 겪어냈다. 2년이 지나서야 약간의 차도가 있었고 5년쯤 지나서야 '이제 죽지는 않겠구나'라는 안도감이 들었다고 한다.

굉장히 수줍은 많은 청년이었던 저자는 재미 있게도 죽음의 문턱에서 이런 생각을 했다고 한다. '뽀뽀도 못 해봤잖아. 이대로 죽기에는 너무 아쉬워.' 그리고 몸이 좀 나아지고 나서는 자신의 책 읽는 모습이 이성에게 멋있게 보일 거라는 조금은 유치하고 재미 있는 동기에서 독서에 빠진다.

독서에 어느 정도 빠지고 나서는 멘토 이지성 작가를 만난다. 《독서 천재가 된 홍 대리》의 주인공 홍 대리는 친구를 통해 두 명의 멘토 정해일과 이지후를 만나서 독서로 성장할 수 있었다. 《읽어야 산다》의 저자 정회일 역시 지인을 통해서 당시에는 무명이었던 동네 형이자 독서 멘토인 이지성을 만난다. 정회일 저자는 《독서 천재가 된 홍 대리》의 실제 버전인 셈이다.

《읽어야 산다》는 정말 좋은 책이다. 생각보다 많이 알려지지 않은 것이 신기할 정도로 좋은 책이다. 지금 이 책을 읽고 있는 독자라면 동기는 확실할 것이다. 지금 당신에게 꼭 맞는 책이다. 당신이 지금 겪고 있는 힘든 상황과 고통이 당신만 외롭게 겪었던 힘듦이 아님을 느낄 수 있는 책이다. 책의 내용도 그렇지만 제목도 꼭 맞는 말이다. 지금 당신은 '읽어야 산다'.

누나의 책꽂이에 꽂혀 있는 책 중에 《그러니까 당신도 살아》가 있었다. 제목이 가슴에 꽂혔다. 저자 오히라 미쓰요. 현재는 변호사다. 중학교 1학년 때부터 왕따를 당한다. 오해가 불러온 사소한 사건으로 학교 친구들의 미움을 산다. 원인은 사실 중요하지 않다. 아이들은 그저 미쓰요가 마음에 안 들었고 미웠을 뿐이다. 정회일 저자에게 육신의 고통이 지옥이었다면, 미쓰요에게는 학교가 지옥이었다. 왕따의 괴로움을 견디지 못하고 중학교 2학년 때에는 자살을 시도한다. 스스로 배를 세 번이나 칼로 찔렀다. 바로 죽을 줄 알았건만, 고통 속에서 의식은 없어지지 않았다. 간신히 살아서 돌아간 학교에서 반 아이들은 이렇게 말한다.

"어쩜 죽지도 못했니?"

돌아가시는 마지막까지 사랑하는 손녀 걱정만 하시던 할머니의 죽음은 슬픔의 절정이 된다. 저자의 고통이 내 것인 것만 같아 눈물이 흘렀다.

미쓰요는 자신의 상황을 자포자기하고 되는 대로 살아간다. 스물두 살에 야쿠자인 남편과 이혼을 하고 호스티스로 생계를 이어간다. 호스티스의 모습으로 아버지의 친구였던 오히라 아저씨를 손님으로 만나게 된다. 이 은인의 도움으로 주인공은 조금씩 변화되고, 점점 삶의 의지를 갖게 되어 결국 새로운 사람으로 다시 태어난다. 조금씩 변화하게 되는 미쓰요를 보면서 아저씨는 새로운 목표를 제시해 준다. 사법고시.

"아저씨는 그게 가능하다고 생각하세요?"

중학생 때부터 공부라는 것을 해본 적이 없는 미쓰요는 사법고시에 도전하기 위해서는 중학교 영어부터 다시 시작해야 했다. 엄청난 노력으로 결국 사법고시에 합격해서 부모님과 아저씨에게 소식을 전하는 전화를 하는 장면에서 나는 내 속 깊은 곳에서 나오는 감동의 눈물을 흘릴 수밖에 없었다. 내가 실패를 극복하고 다시 성공하는 것 같은 몰입감을 느꼈다.

'세상에는 나만 아픔을 겪은 게 아니구나' '이런 사람도 재기할 수 있구나'
하는 생각을 가지게 되었다.

《어머니 저는 해냈어요》를 읽으면서는 가진 게 아무것도 없어서 배를 굶주리고 마음이 굶주렸던 김규환이 명장이 되어가는 장면들에서 뼛속 깊은 감동의 전율을 느꼈다.

사라진 자존감이 한두 권의 책으로 다시 살아날 수는 없다. 재기의 확신까지 갈 수 없었다. 하지만 좋은 책들을 통해서 이런 따뜻한 씨앗이 한 알 두 알 내 마음에 뿌려졌다. 뿌려진 씨앗은 내 마음속에서 자존감으로 한 올씩 다시 피어오르고 있었다.

'나도 다시 일어설 수 있을까?' '옛날처럼 나도 돈도 벌고 카드값도 내고 다시 웃으면서 가족들과 마트 쇼핑도 할 수 있을까?' '책들의 주인공들처럼 나도 아픔과 좌절을 이겨내고 다시 평범하게 살아갈 날이 올 수 있을까?'

한 권 한 권 좋은 책들을 만날 때마다 감동을 느끼면서 마음이 정화되었다. 장사에 도움이 되는 마케팅 책에서는 업무적인 도움을 받고 자기계발서나 자서전, 에세이들을 읽으면서는 마음에 위안과 평안을 얻어 갔다. 책들을 통해서 간신히 살아갈 용기를 얻고 버텨내고 있었다. 정회일 저자가 그랬던 것처럼 나도 읽어야만 하루하루를 살 수 있었다. 그나마 책을 읽어야 정신적인 고통들을 조금이나마 덜어내고 견뎌낼 수 있었다. 희망을 이야기해주는 책을 읽지 않으면 이 상황을 도저히 버텨낼 자신이 없었다.

재기를 위해
부동산에 도전하다

결국, 나의 사업은 재기하지 못했다. 처음 프랜차이즈 고깃집 두 곳의 성공 이후에 했던 모든 장사가 다 실패로 돌아갔다. 책으로 간신히 마음을 추스르고 다시 직장인 생활로 돌아갔다. 회사에 다니면서도 책은 계속 읽었다. 절실함이 만들어준 독서습관은 어느 정도 재미도 느끼는 단계가 되었다. 그나마 일정한 수입과 독서라는 산소호흡기를 달고 버티고 있는 삶이었다. 자존감이 그나마 간신히 숨을 쉬어가고 조금씩 조금씩 나아져 가고 있었다. 대출금은 계속 늘어갔다. 늘어난 이자와 원금 상환액으로 인해, 많지 않았던 월급보다 지출이 더 많았다. 급여 생활을 하지만 경제적 어려움은 점점 더 심해져 갔다. 장사가 잘되던 시기에 부동산 투자 카페에서 만났던 이세연 선배와 연락을 하고 있었다. 내가 잠깐의 성공 뒤에 인생의 나락에 빠진 상황 즈음에 선배는 부동산 투자로 작지 않은 성공과 내공을 갖추고 나가고 있었다. 어느 날 이런저런 이야기를 나누다가 경제 문제에 대한 조언을 구했다.

"지금 아파트 가격이 올랐으니 팔고 재개발 투자로 들어가는 것도 좋은 방법이 될 거 같아요."

내겐 천금 같은 조언이었다. 나의 몇 안 되는 장점은 실행력. 일단 집을 내놓고 이내 괜찮은 가격에 팔았다. 팔리기 전부터 '클린업 시스템' 홈페이지에 접속해서 정보를 수집해 나갔다. 팔리고 나서는 마음이 급해졌다. 선배가 말해준 핵심 조언.

"지금 잠시 주춤하지만 계속 오르고 있기 때문에 팔고 바로 사야 해요. 안 그러면, 가격이 확 뛰어서 집을 못 살 수도 있어요."

재개발은 사실 어렵다. 아파트 투자보다 훨씬 더 조심스럽고 어렵다. 초보자가 선뜻 할 수 있는 투자가 아니다. 지금 생각하면 그런 무지함으로 투자한 거 자체가 무모함에 가까웠다. 처음에는 집에서 가까운 지역부터 둘러봤다. 그리고 좀 더 영역을 넓혀서 손품과 발품을 팔았다. 회사 사장님인 친구 형석이의 배려로, 칼퇴근을 하고 밤마다 돌아다니고 주말마다 돌아다녔다. 사업시행인가가 뭔지도 잘 모르고 관리처분이라는 말도 생소했다. 그저 진정성 있게 조언해준 고마운 선배의 말만 믿고 비례율이 좋은 지역, 용적률을 잘 받은 지역, 사업시행인가가 난 지역을 열심히 돌아다녔다. 마침내 가격이 적당한 지역과 집을 찾았다. 재개발 구역이지만 2004년에 지은, 깨끗한 집이었다. 재개발은 땅 지분이 넓어야 딱 그만큼 크기의 아파트를 받을 수 있다고 알았을 정도로 무지했던 나는, 감정평가액 기준으로 분담금이 정해진다는 사실도 그때 처음 알았다. 하나부터 열까지 선배의 코치를 전화로 받으면서, 생애 첫 투자를 겁 없이 해낼 수 있었다. 이세연 선배는 내게 은인과도 같은 분이다.

처음 선배를 만났을 무렵, 나는 잘 나가는 사업가였다. 선배는 경제적 밑바닥을 걷고 있었다. 절실함이 있었다. 수줍은 소녀 같았던 선배는 겉으로는 잘 보이지 않았지만 절실함과 해내겠다는 의지로 똘똘 뭉쳐 있었다. 잘 나가는 사업가라고 스스로 생각했을 때의 나는 부동산 공부, 투자를 약간의 노력을 더 해보는 플러스알파 정도로만 여겼다. 되면 좋고 안 돼도 괜찮은 상황이다. 마음의 자세가 그랬다. 몇 년 후의 나는 처음 만났을 때의 선배처럼 절실함을 가진 상황이 되었다. 절실함이 사람을 변화시킨다.

대출금의 원리금 상환이 힘들어서 시작했던 첫 번째 투자로 인해서 막연하게 관심만 가지고 있던 부동산 투자에 대해서 구체적인 의지를 가지게 되었다. 비록 가진 돈도 없고, 매달 빠듯한 월급 생활을 하고 있지만, 뭔가 해볼 수 있을 거 같은 희망을 품을 수 있었다. 직장인 신용대출, 아파트 대출 갈아타기 등의 방법이 보이기 시작한다. 부동산 투자 공부를 본격적으로 시작했다. 어려운 상황이었지만 공부에 과감한 투자를 했다. 안동건, 신성철, 붇옹산 강영훈, 주지오, 플레이야데스. 모두가 귀한 선생님이셨다. 강의료는 내게 만만치 않았지만 하나도 아깝지 않았다. 부동산 스승들에게 나는 부동산뿐만 아니라 인생을 대하는 자세도 보고 배울 수 있었다.

다음에 있는 '더 리치'라는 부동산 경매 투자 카페에 강의를 들으러 갔다. 평일 저녁에 있는 강의라 몸은 좀 힘들어도 마음만 있으면 직장인도 들을 수 있는 코스였다. 새싹반이 있고, 실전 투자자 반이 있었는데 책을 많이 읽었던 터라 실전 투자자 반으로 들어갔다. 그곳에서 또 한 번의 전환점을 가져다준 김태규 대표를 만났다. 아직 20대의 젊은 친구가 부동산 투자 공부를 하러 왔다. 수업 후에는 항상 뒤풀이가 있다. 몇 번의 뒤풀이를 가지면서 점차 친해지게 되었다. 아주 작은 소액으로 할 수 있는 경매와 부동산 투자를 주로 배웠던 수업 코스의 말미에 4명씩 조를 이루어서 남양주로 임장을 나갔다. 저렴한 아파트, 빌라를 손품과 페이퍼로 분석하고 부동산 사무실에 들러서 물건을 직접 본다. 토요일에 함께 모여 서로 각자 공부한 내용을 브리핑도 하고 식사를 함께하며 더 가까워지는 시간을 가졌다. 동생이라고 하기에는 많은 차이지만, 이내 기까워져서 형 동생 하는 사이가 되었다. 임장을 다니면서 둘이 걸었다.

"저는 지금 네오비에서 중개 마케팅 실무교육도 받고 있어요. 좀 힘들지만 재밌어요. 그리고 독서모임에도 나가요."

"독서모임?"

책을 열심히 읽고 있던 터라 바로 관심이 생겼다.

"네, 저희는 공인중개사들이 모여서 하는 독서모임이에요."

"어 정말? 신기하다. 독서모임이라……. 말만 들었는데. 내 주위에서 독서모임을 간다는 얘기는 처음 들었네. 나도 한번 가볼 수 있을까? 나도 공인중개사 자격증이 있어."

"아 그래요? 오시면 좋죠. 회장님께 얘기하고 오시는 일정 잡아 볼게요."

얼마 후 태규에게 연락이 온다.

"형님 4월 15일 7시에 오시면 돼요. 그날 책은 《지적자본론》이고요. 읽고 오시면 더 좋고, 첫날은 부담 없이 오세요. 꼭 오셔야 해요."

처음에는 마음이 설렜다. 말로만 듣던 독서모임이다. 혼자만 책을 읽어왔는데 그것으로 토론을 한다니 어떤 느낌일지 궁금했다. 혼자만 읽어온 내게 뭔가 잘못된 습관이 있지 않을지, 나는 그냥 회사원인데 다른 회원들에게 방해가 되지는 않을지, 슬슬 이런저런 걱정이 된다.

도서관에 가서 책을 빌렸다. 《지적자본론》. 제목도 처음 들어본다. 책이 어려웠다. 걱정된다. 나는 부동산을 하는 사람도 아닌 데다가 이곳에 오는 사람들은 모두 네오비라는 수업도 들은 사람들이란다. 토론문화에 익숙하지도 않은데 처음부터 이렇게 어려운 책이라니. 여기서는 원래 이렇게 어려운 책으로 모임을 하나 보다 ……. 이런저런 공상이 쌓이면서 두려움이 커졌다. '그냥 가지 말까?' 하는 생각에까지 도달했다. 그래도 설레는 마음이 있었고, 자격 조건도 안 되는 나를 이끌어준 동생의 수고로움을 생각하고 다시 마음을 다잡았다. 그렇게 '독서지향'과의 첫 만남을 준비하고 있었다.

인생의 전환점이 된
독서모임, 독서지향

실패를 겪고 나서 우울감과 긴장감을 가지고 시작한 내 직장생활의 기상 시간은 신기하게도 자동 6시였다. 대학교 때는 밤낮이 바뀔 정도로 야행성이었으며 장사를 하면서도 계속 밤에 활동을 했는데, 사업에 실패하고 다시 직장생활을 하면서부터는 묘한 긴장감으로 6시면 자동으로 눈이 떠졌다. 독서지향이 있는 토요일 아침, 첫 번째 참석. 걱정 반 설렘 반으로 아침에 더 일찍 눈이 떠졌다. 평소보다 약간의 긴장감이 더해졌다. 아직 어두운 새벽을 뚫고 네오비 중개법인에 도착한다. 환한 미소로 인사를 해주는 독서지향 회원들. 평소에 접해보지 못했던 환대에 긴장감이 더해져 약간 당황한다. 흡사 어릴 때 친구 손에 이끌려 교회에 처음 갔을 때 환영해주는 분위기와 비슷했다.

'여기 설마 종교단체인가?'

스무 명 정도의 회원이 모여 약간은 좁은 강의실로 들어가서 체조를 하고, 양손을 들어 하이파이브로 인사를 한다.

"반갑습니다. 좋은 아침입니다."

인사를 하고 앉아서 조별토론을 한다. 나는 첫날이라 조별토론에 참석하지 않고 오리엔테이션을 받으러 강의장 밖으로 나왔다. 따뜻한 미소의 박병오 대표님을 만났다. 예쁜 스티커가 붙어 있는 부활절 달걀 한판을 들고 오신 대표님은 환하게 웃으시며 달걀을 주신다.

"오늘 처음 오셨나부다. 이거 달걀 드셔요~."

이날 홀로 신입회원인 나는 독서지향 회장인 김의섭 대표의 일대일 오리엔테이션을 들을 수 있었다. 독서를 하는 방법, 노란색 연필 사용방법, 귀 접이, 본깨적, 들깨적, 독서지향 진행순서, 권장도서까지 독서와 삶에 도움 되는 좋은 방법들을 일대일 과외로 한 시간이나 전수받는 귀한 시간을 가지게 되었다.

오리엔테이션이 끝나고, 조별토론이 끝나고 강의장으로 들어가니 전체토론 진행이 있다. 각 조에서 지정된 대표가 한 명씩 나와서 토론 내용으로 모인 내용이나 책에 관한 자신의 생각을 발표한다. 그리고 이날의 하이라이트, '원포인트 레슨'이 이어진다. 나에게 어려웠고 잘 읽히지 않았던 책《지적자본론》. 발표자가 저자에 대해서, 지적자본론의 배경인 '츠타야 서점'에 대해서 그리고 책의 내용에 대해서 깊이 있게 프리젠테이션 한다. 한층 더 이해가 되었다. 책을 읽고, (오늘은 참석하지 못했지만) 조별토론을 하고, 전체토론에서 발표자들의 말씀을 듣고 마지막으로 발표자의 원포인트 레슨까지 듣는다. 이건 혼자 책을 읽을 때와는 완전하게 다른 느낌이다. 완전히 다른 세상이다. 나 혼자 책을 혼자 읽고 '참 좋다'라는 느낌이었다면, 이곳 독서지향은 학교 수업 받고 보충수업 받고 일대일 과외까지 받듯이 책을 소화시켜주는 시스템이다.

'힘들어 죽겠는데 무슨 책이냐'는 생각을 안 해도 되겠다. 힘든 와중에서의 독서가 더 이상 '독특한' 취미로 보이지 않을 거 같았다. 독서지향과 함께라면 나를 일으켜 세우는 발걸음이 훨씬 더 가벼워지겠다는 느낌이 바로 왔다.

독서토론을 모두 마치고는 함께 식사를 하러 갔다. 책을 마음속에 새기고 밝은 표정의 회원들과 하는 식사는 처음이지만 살가웠다. 따뜻했다. 장사를 하면서는 한 번도 가져보지 못했던 동료집단이다. 한 번도 느껴보지 못한 동질감이다. 나는 완전한 동료가 아니었지만, 잠시라도 가져보는 따뜻한 느낌이다.

'이 느낌, 계속 가지고 싶다.'

독서 토론을 마치고 바로 회사로 출근했던 나의 발걸음은, 다른 세상에 들어온 듯이 가벼웠다. 황량하고 어둡게 그려졌던 남은 인생길이 꼭 그렇게 외롭고 힘든 길이 아닐 수도 있겠구나 하는, 뭔지 모르겠지만 막연한 희망을 어렴풋이 가지게 되었다. 책도 책이고 토론도 토론이지만 독서모임에 참석한 회원들에게 받는 좋은 기운이 있었다. '인간 비타민'이라는 말이 있듯이, 거기서 만난 모든 선배들이 나에게 비타민 같은 영향을 주는 것만 같았다. 단 하루였는데도 정신적으로 큰 위안을 받았다.

그래서 꼭 권해주고 싶다. 지금 인생이 힘든 분들에게. 독서모임에 꼭 나가 보라고!

마음이 힘들 때 교회나 절을 찾듯이, 독서모임에 참석해보라고. 내 옆에 있는 사람이라면 손을 잡고 독서모임에 데려가고 싶다.

사람은 참 간사한 존재이다. 조금만 성공하면 세상 모든 일이 다 잘 될 거처럼 느껴진다. 실패에 빠져 있으면 이 실패가 평생으로 이어질 것만 같다. 그럴 때 가장 절실한 것이 긍정적인 마음으로의 전환이다. 말은 쉽지만, 이게 세상에서 가장 어려운 일이다. 사람들은 이럴 때 종교를 찾게 된다. 종교도 큰 도움이 된다. 종교와 더불어 감히 단언컨대, 독서모임이 어려움에 빠진 당신을 구원해줄 것이다. 부정적인 마음을 긍정적인 것으로 바꾸는데 책만큼 좋은 것이 없다. 그런 책을 마음 깊이 새겨주는 곳이 독서모임이다. 게다가 독서모임에서 받는 긍정의 기운은 종교에서 받는 것과는 또 다른 느낌이 있다. 구체적이고 실천적인 느낌적인 느낌. 종교가 하늘에 닿아 있는 위안이라면 독서모임은 땅과 맞닿아 있는 구체적인 위로였다.

설렘 가득했던 첫날, 다른 사람들은 모두 여유 있고 밝은 모습인데 사진을 보니 나만 긴장하고 어색한 표정이다. 사진을 찍을 때

독서지향 첫날 첫 번째 사진. 나 혼자 어두운 표정이었다.(뒷줄 우측 두 번째)

지금 사진을 보니
당시의 내가 얼마나 어두운 사람이었는지
한눈에 알 수 있다.

나는 미소를 지었다. 미소를 지었다고 생각했다. 지금 사진을 보니 당시의 내가 얼마나 어두운 사람이었는지 한눈에 알 수 있다.

독서지향 모임은 2주에 한 번씩 있다. 나에게는 2주가 너무 길 었다. 2주가 다다를 즈음에는 긍정의 '약발'이 떨어져 갔다. 독서지 향에 참석했을 때 긍정지수가 100까지 찼다가 2주가 다 돼가면 마 이너스로 떨어지고 있었다.

독서지향에 처음 참석하고 몇 달 후에 1박 2일 워크숍이 있었 다. 회장님의 재능기부로, 3P바인더 사용법을 배우고 친목을 도모 하는 소중한 시간이었다. 막연하게 생각했던 3P바인더를 배우고 습관을 들이기 위해 단톡방에서 하루 두 번씩 바인더 작성 인증샷 을 남긴다. '시간은 소중하다.' '시간은 그 무엇과도 바꿀 수 없는 귀한 선물(present)이다' 3P바인더는 막연하게 생각했던 시간의 소 중함을 몸으로 깨우치게 되는 소중한 시간을 주었다. 왜 시간이 소 중한지 말로는 다 설명하기 어렵다. 3P바인더로 경험해보면 몸으 로 알게 된다. 시간의 소중함이 몸속에 깊이 각인되었다.

네오비 독서지향에 내가 처음 참석했을 때는 인원이 20명 남짓 이었다. 지금은 연회원 100여 명으로 성장했다. 들어오려는 사람 이 많아서 자격 요건도 있고, 세 달에 한 번 정도만 신입회원을 받 는다. 회장님은 독서지향의 성장기를 《독서에 美친 사람들》이라는 책으로 펴내셨다.

나에게 장사는 고독과 외로움이었다. 함께하는 고생한, 소중한 동생도 있었지만, 동업자 친구에게는 배신을 당했다. 다시 시작한 회사 생활도 외로움이었다. 장사를 망치고 다니기 시작했던 선배의 회사에 비슷한 나이의 남자 동료가 있었다. 친하게 지내고 싶었다. 그는 경쟁의식 때문이었는지 항상 거리를 두었다. 6개월 동안 업무 이외에는 단 한 번도 나에게 먼저 말을 건네지 않은 사람이었다. 실패가 나를 더 외롭게 했다. 외로움은 실패가 더 커보이게 했다. 이런 반복 고리가 나를 더 침몰시켰다.

독서지향에 나오는 선배들에게는 따뜻한 동료의식이 있었다. 함께 있는 것만으로도 힘이 되는 따스함이 있었다. 존경의 마음이 솟아났다. 한 집단에서 이렇게 동시에 여러 사람을 존경하게 된 것은 인생에서 처음 있는 일이었다. 더군다나 나는 여러 부동산 거래를 해오면서 좋은 중개인을 만난 경험이 별로 없었다. 장사를 하면서 상가를 구하고 팔 때 날라리 같은 중개인들을 많이 만나왔다. 지금 생각해보면 계속 업을 이어가는 사람이 아닌, 쉽게 돈을 벌어볼 요량으로 업을 시작했다가 이내 녹록치 않음을 깨닫고 떠나버리는 책임감이 부족한 중개보조원들이었다. 온라인에서 좋은 매물을 보고 찾아가면, 이 물건은 이래서 안 되고 저래서 안 된다고 하고 그냥 그런 물건을 보여주는 중개인들을 너무나 많이 만나서, 이때까지 나에게 중개업의 이미지는 그리 좋지 못했다. 그런 선입견을 가지고 만난 네오비 독서지향의 공인중개사들은 다른 세상의 다른 사람들처럼 보였다. 닮고 싶다. 이 아름다운 사람들의 틈에 나도 정식으로 끼고 싶다…….

친구의 회사에 오래 다니고 싶었다. 생활이 좀 어려워도 회사를 키우는 보람을 찾다 보면 내 급여도 따라 올라가고 그냥 그런대로 만족하며 월급쟁이의 삶을 살 수 있을 거라고 생각했다. 어차피 망가진 인생, 나이 많은 친구를 끌어준 사장에게 고맙게 생각하고, 회사 다니면서 부업하고 투자하는 그런 인생을 설계하고 있었다. 독서지향이 내 마음을 흔들었다. 다시 한 번 내 것을 해보고 싶은 마음이 생겼다.

'이렇게 좋은 분들 옆에서라면 다시 한 번, 나도 잘할 수 있을 거 같다.'

네오비 독서지향 추천도서로 읽은 책 중에 《회복탄력성》이 있다.

'위인들은 역경에도 '불구하고' 위인이 된 것이 아니라 사실 역경 '덕분에' 위대한 업적을 이룰 수 있었던 것이다.'

위기가 사람을 무너뜨리기도 하지만 잘 버텨내기만 한다면 '불구하고'가 아니라 '덕분에'가 될 수 있다. 강한 회복 탄력성을 지니는 데 필요한 것은 결국 두 가지라고 한다. 하나는 자기조절 능력, 다른 하나는 대인관계 능력이다. 그리고 이 두 가지를 길러주는 것은 바로 긍정적 정서이다. 나는 독서와 독서지향을 통해서 긍정적 정서를 흡수했다. 그리고 회복 탄력성의 두 요소를 회복해가고 있었다.

다시 시작한
7전 8기

공인중개사 독서모임, 네오비 독서지향 선배들을 만나면서 공인
중개사에 대한 동경을 품게 되었다. 일에 대한 사랑, 열정, 성실함
……. 일을 하면서 끊임없이 공부하고 자기계발을 하는 모습들을
보고 감동을 받았다. 그리고 결국 나도 공인중개사사무소를 개업
하게 되었다.

독서지향을 만나고 몇 달이 지난 즈음, 나를 독서지향으로 이끌
어준 김태규 대표와 함께 대치동에 부동산 사무실을 개업했다. 독
서지향에서 만난 이대진 선배의 소개로 사무실을 계약했다. 사무
실을 한번 보고 다른 곳은 보지도 않고 일주일 만에 계약하게 되었
다. 그만큼 믿음이 두터웠다.

개업 후 독서지향의 모체인 '네오비' 수업을 받았다. 중개업을
시작하자마자 바쁘고 정신이 없었지만, 워낙에 존경하는 선배님들
이 모두 들었던 수업이라 수업에 참여하는 것이 나에겐 당연한 수

순이었다. 조영준 대표 교수로부터 중개업과 마케팅에 대해 기초부터 다시 배웠다. 곽미나 교수에게는 카페 운영을 배웠다.

부동산 투자 공부를 하고 투자를 했을 때 유용하게 사용했던 정보가 있다. 전국의 아파트 시세를 엑셀로 다운로드해서 볼 수 있는 프로그램이다. 중개업을 시작하고 보니 그런 프로그램을 직접 만들어보고 싶었다. 전문 제작자에게 외주용역으로 프로그램을 제작했다. 작지 않은 비용이었지만 가치가 있다고 생각했다. 다른 프로그램처럼 유료 사용으로 광고를 할까 생각했다. 결국, 무료 배포로 생각을 바꾸고 그 자료들을 올리는 카페를 만들었다. 〈부동산 더 리얼〉. 나와 김태규 대표가 만들어 운영하는 카페이다. 투자 관련 엑셀 데이터를 무료로 다운로드 받을 수 있고, 부동산 공부를 할 수 있는 공간으로 가꾸어가고 있다. 2018년 10월에 시작하여 2020년 11월 현재 회원 수 3,500명이 되었다.

중개업을 시작하자마자, 첫 번째 계약이 아파트 매매였다. 가격이 어느 정도 오른 후에 주춤하던 2017년 초겨울이었다. 가등기, 근저당이 잔뜩 붙은 급매물이다. 하자가 많은 물건이었지만 놓치기 아까운 급매물임을 강조하고 잔금과 동시에 모든 권리를 끄는 조건으로 계약을 체결했다. 매수인은 여러 군데 부동산을 방문했지만 가장 믿음이 가는 우리를 보고 선택해 주었다고 한다. 그런데 중도금 때부터 문제가 발생했다. 특약에 적혀 있는 중도금으로 전액 대출 상환하는 조건을 매도인이 이런저런 이유로 바꿔 달라고 요구했다. 들어줄 수 없었다. 중도금으로 가압류를 끄기 위해 당사자를 같이 만났다. 매도인의 말대로 얼굴에 칼자국이 남아 있는 사채업자였다. 무사히 중도금을 진행하고 잔금이 가까워져 오던 어느 날 매수인으로부터 다급한 전화가 왔다.

"소장님 이게 뭔가요. 이상한 서류가 날라왔습니다."

서류를 사진으로 받아보고, 놀라서 등기사항전부증명서를 열람해보았다. 원래 없던 다른 권리가 추가되었다. 서류의 내용을 보니 매도인에게 내 채권이 있으니 매수인은 잔금을 매도인에게 송금하면 안 되고 채권자인 나에게 주어야 한다는 내용이었다. 난감하다. 이제 잔금을 다해도 등기사항전부증명서에 있는 채권을 다 막을 수 없다. 매수인이 잔금을 치러도 깨끗하게 인수받을 수 없는 상황이 된 것이다. 게다가 이사를 들어와야 하는 전세 세입자도 잔금일이 정해져 있어서 여러 가지로 복잡한 상황이 되었다. 시련이다. 모든 인맥을 동원해서 자문을 구했다. 법무사, 변호사, 선배 중개사들……. 결국, 매도인은 잔금을 치르지 못한 채 일단 이사를 했다. 잔금 지급 일자는 미루어졌다. 전세 세입자는 이사를 들어왔다. 매수인 매도인에게 모두 당부를 하고, 매도인이 잔금으로 나머지 등기사항을 깨끗하게 정리할 수 있는 날로 잔금일을 변경했다. 첫 번째 계약을 정말 어렵게 마무리했다. 평생 기억에 남을 계약을 첫 번째로 치렀다. 매수인이 우리를 믿지 못했다면, 어쩌면 정상적인 마무리가 어려웠을지도 모를 힘든 일이었다. 매도인은 여러 가지 사정으로 우리를 힘들게 했지만, 매수인이 우리를 믿어주고 기다려주어서 잘 해결할 수 있었다. 3달 동안 매도인과 전화를 100통 정도 한 거 같다. 스마트폰의 '자주 연락하는 사람'에 매도인 이름이 자동 등록될 정도였다. 매수인과는 이때 일을 추억으로 공유하는 좋은 관계가 되었다.

　부동산 공부와 실전 투자는 실제 중개에 많은 도움이 된다. 내가 겪어본 일들이기 때문에 고객의 심정을 잘 이해할 수 있다. 2019년도 봄의 일이다. 대형평수 아파트의 매물이 나왔다. 매도인은 일시적 1가구 2주택 양도세 비과세 요건을 맞추기 위해 빨리 팔아야 할 입장이다. 2018년 9·13 대책으로 부동산 시장은 차갑게 식었다. 공급은 점점 더 부족하고 아직 상승의 에너지가 많이 남아 있음을 일고 있었다. 63평 대형 아파트 손님이 있다. 차갑게 식은 시장이지만 곧 다시 상승할 것이고, 그렇게 되면 지금 이 가격으로 살 수는 없다고 브리핑했다. 비록 지금 최고가로 보일지라도 하반기에는 더 큰 상승이 빤해 보였다. 우리를 믿어준 고객이 계약을 치르고 잔금이 얼마 남지 않은 어느 날, 신문을 들고 가쁜 숨을 쉬며 찾아왔다. 신문에는 이런 내용의 헤드라인이 쓰여 있다. "이 와중에 신고가를 갱신한 아파트……. 대치동 포스코더샵……." 불안한 마음을 안고 있었는데, 신문 내용을 보면서 더 놀라셨던 거다. 안심을 시켜드리는 데 진땀을 뺐다. 그리고 몇 달 후 아파트 시장은 예상대로 다시 상승세로 전환되었다. 아파트 가격이 상승해서 기쁜 것은 아니다. 2016년~2020년처럼 가격이 급상승하거나, 아파트 가격이 급락하는 것도 바라지 않는다. 급상승 급하락은 공인중개사들이 바라는 바가 아니다. 적당한 물가상승률만큼의 평이한 상승이 좋다. 하지만 이렇게 분석하고 공부하고 예상하는 대로, 고객의 기대에 부응하고 함께 성장해 나가는 일들은 공인중개사에게 큰 보람이다.

실패했지만, 많은 장사 경험을 살려서 상가 중개를 하면 어떻겠냐고 주변에서 이야기 해주시곤 한다. 큰 실패경험이 있는 주식투자자가 좋은 증권강의 강사가 되는 것처럼. 그런 생각이 없지는 않았다. 그런데 내 마음이 문제였다. 아직은 그럴 준비가 되지 못한 거 같다. 상가는 보통 장사가 잘 안 될 때 나오기 마련이고, 거래를 성사시키기 위해서는 임대인이 요구하는 권리금을 깎고 조정할 수 있어야 하는데, 나는 아직 그럴 자신이 없다.

가끔 손님들이 우리를 걱정해주시는 말씀을 해주시곤 한다. 이 험난한 세상에 순둥이들만 모여 있어서 걱정이 된다고 하신다. 우리는 정직하게 운영하는 것이 가장 큰 장점이라고 생각하지만, 어르신들이 보시기에 너무 정직하기만 해서 오히려 걱정이 된다고 하신다. 그런 걱정을 들을 때마다, 우리의 진심이 전달되고 있어 다행이라고 생각한다. 약삭 빠르게 가기보다는, 정직하고 깊이 있게 천천히 가려 한다. 말로 현혹하기보다는 진심으로 다가가는 중개사가 되고자 한다.

　우리 사무실에서 하는 토론의 내용은 늘 새로운 생각을 향해 있다. 정보를 받아들이고, 새로운 아이디어를 내는 일이 우리가 좋아하는 일이다. 좋은 동료들과 그렇게 한 걸음 한 걸음 착실한 길로 나아가고 있다.

나를
일으켜 세운
현실독서

독서로 힐링하다

'나는 참 못난 사람이다. 원래 이런 사람이었다. 내가 하는 일이 다 그렇지 뭐. 가족도 부양하지 못하는 가장이 뭘 할 수 있겠나 ……….'

'내가 뭘 잘못했을까? 어디서부터 잘못되었을까? 그때 왜 그런 선택을 했지? 욕심을 너무 많이 부렸어. 힘들어도 그냥 착실하게 하던 일이나 해야 했어. 원래 남자의 삶이란 게 직장에 매여 있고 다 그런 건데 무리했어. 내가 잘못했다. 내 욕심과 잘못된 선택으로 나와 내 가족이 이렇게 고통 받고 있는 거야.'

이렇게 한 방향으로만 생각하게 되었다. 관점이 한 개였다. 술을 마시면 좀 달라진다. 술을 마시면 약간은 다른 관점으로 볼 수 있게 된다. '꼭 내 잘못만은 아니야. 그놈 때문에 이렇게 되었어. 가족들이 그래도 나중에는 날 용서해줄 거야.'

술은 사람에게 다른 관점을 주고 다른 관점의 생각이 사람을 그나마 위로해주고 위안해준다. 짧은 위로다. 다음 날 아침 숙취와

164

함께 밀려오는 육체의 고통과 함께 더 큰마음의 통증을 유발한다. 밤이 되면 또다시 술 한 잔의 위로가 생각이 나고 이게 반복되면 실패자가 흔히 겪게 되는 알코올 중독이 된다.

'이번 생은 틀렸다. 망쳤다. 이젠 뭘 해도 안 돼. 나이가 많고 경력도 어중간해서 이젠 취업도 안 돼. 장사는 신물이 난다. 나는 장사에 소질이 없어. 무슨 사업을 해도 안 돼. 안 될 거야……'

실패한 내 마음은 이랬다. 이럴 수밖에 없었다. 몇 달만 마음대로 안 되어도 금방 의기소침해지기 마련인 게 사람인데, 몇 년 동안 실패만 하는데 어떻게 정상적인 마음으로 살 수가 있을까?

실패투성이 내 삶에는 칭찬이 그렇게도 고팠다. 세상 처음 배워가는 어린아이처럼 무엇이든 칭찬이 고팠다. 선배의 회사에 직장인으로 다시 들어가서 우연히 받은 칭찬에 가슴이 뭉클해졌다. 차디찬 얼음 같은 내 마음을 누가 한번 꼭 안아준 기분이었다. 나는 쓸모없는 사람이라는 생각을 가진 실패자들은 칭찬도, 진심 어린 위로도 고프다. '잘될 거야, 긍정적으로 생각해라'라는 위로는 정말 고맙지만 큰 도움이 되지는 못했다. 긍정적인 생각을 할 수도 없거니와, 긍정적으로 생각해서 대체 무엇이 바뀐단 말인가? 그저 크게 실패해보지 못한 자가 실패한 사람이 불쌍해 보이니 뭐라도 해줄 수 있는, 쉽게 건넬 수 있는 위로의 말이 그것일 것이라고 비뚤어진 생각을 하고는 했다.

실패는 나 혼자만 한 것인 줄 알았다. 그렇게 느낄 수밖에 없는 것이, 내 주변에서 나 말고는 누구도 나처럼 실패하는 사람이 없었다. 30대 후반부터 시작한 사업, 30대 말부터 40대 중반까지 길게 이어진 연전연패와 경제적 난관. 내 친구들과 지인들은 모두 안정적인 직장생활을 하고 있고, 단계적인 성공을 걸어가고 있다고 생각했다. 다행히도 책의 내용은 달랐다. 아니, 다행히도 많은 실패를 보여주고 있었다. 책 속 주인공들의 실패와 비교한 나의 실패는 그야말로 새발의 피였다.

책을 읽으면서 '나만 실패한 게 아니었다'는 생각을 하기 시작했다. 얼음과도 같았던 내 심장이 온기의 감각을 조금씩 조금씩 회복하게 되었다.

《그러니까 당신도 살아》를 보면서 인생 다 끝난 거 같은 불행도 결코 그 끝을 의미하는 것은 아니라는 것을 느꼈다. 그녀가 세상 끝의 불행을 이겨내고 다른 사람으로 다시 태어나는 과정을 보면서 '나도 할 수 있을까?'라는 희망을 어렴풋이 가지게 되었다.

《지선아 사랑해》를 읽으면서 인간이 느끼는 극한의 불행까지도 행복으로 만들어 가는 한 사람의 위대함에 눈물을 흘렸다.

《읽어야 산다》를 보고 독서에 대한 믿음을 굳건하게 가질 수 있었다. 정회일 저자가 죽음과도 같은 고통을 독서로 이겨내는 모습을 보면서, '나에게도 희망이 있을까?' 하는 작은 용기가 생겨났다. 내가 이 실패들을 이겨내든 못 이겨내든, 어쨌거나 반드시 독서는 나의 습관으로 만들어야겠다는 결심을 했다.

실패의 유형에도 여럿이 있겠지만, 링컨이 겪은 연전연패를 읽으면서는 특히 나와 비슷한 케이스라고 느꼈다. 링컨은 낙선의 고배를 마실 때마다 목욕을 하고 머리를 깎고 일부러 더 몸을 깨끗하게 정돈하고 맛있는 걸 먹으면서 힘을 냈다고 한다. 링컨을 생각하면서 나를 더 위해주는 방법을 따라 하기도 했다.

《어머니 저는 해냈어요》에서 극한의 고통을 겪어내면서도 한 걸음씩 전진해 나가는 김규환 명장의 아픔에 눈물을 흘리고 감동할 수밖에 없었다.

글쓰기 스승이신 이은대 작가는 파산을 맞고 경제사범으로 옥살이를 한다. 출소해서 막노동 생활을 하면서 암 선고를 받는다. 그는《강안독서》에서 독서에 대해 이렇게 말한다.

'나는 한 번도 본 적 없는 그들의 삶을 만나 대화를 나눴으며, 누구로부터 받아본 적 없는 따뜻한 위로와 토닥임으로 힘을 얻었다. 다시 세상 속으로 나가 살아갈 수 있을 것 같다는 강렬한 희망과 용기! 이것이 바로 내가 책을 통해 얻을 수 있었던 최고의 선물이었다……. 나는 삶의 최악의 순간에서 책을 만났고 그 덕분에 고통스러운 시간들을 무사히 견뎌낼 수 있었다……. 독서의 가장 큰 효율을 말한다면 단연코 '견디는 힘'이다.'

故 정주영 회장님의 책 제목은 조금 야속하게 느껴진다.《시련

은 있어도 실패는 없다》 제목은 이렇지만, 정주영 회장님은 실패와 다름없는 열악한 환경을 극복해 나갔다. 빈털터리로 가진 게 없었던 한 인간이 용기와 의지, 그리고 지혜만 가지고 기적과도 같은 성공을 만들어가는 과정 자체가 커다란 위안이었다.

이렇게 책을 읽으면서 느끼는 긍정의 감정은 구체적이고 실제적인 사례들로 다가왔다. '긍정적으로 생각해라'라는 식의 막연한 주입이 아니다. 하나하나의 사례들이 내 심장을 어루만져 주었다. 내 심장을 둘러 감싸고 있는 차가운 얼음 틀이 있었다. 그 얼음에 한 권 한 권의 책이 조그만 헝겊 조각처럼 조금씩조금씩 감싸 안아주었다. 조금씩 온기를 불어 넣어주고 있었다.

그러므로 다시 한 번 꼭 강조하고 싶다. 지금 실패하고 있고, 어려움을 겪고 있다면 당신에게 독서가 가장 큰 힐링이 되어줄 것이라고. 순간적인 위로를 주는 알코올의 힘에 절대 빠지지 말라고. 당신이 겪었고, 겪고 있는 실패와 고통은 당신만의 것이 아니라고. 지금 이 책을 읽고 있는 당신에게 이렇게 꼭 말해주고 싶다.

"주위를 둘러보면 지금 내가 가장 불행한 것처럼 보일 수 있지만 그게 전부는 아닙니다. 당신은 외롭지 않습니다. 다만 보이지 않을 뿐입니다. 책 속에는 지금 당신의 실패, 고통과 비슷한 그 이상의 이야기들이 많이 있습니다. 당신의 잘못도 있을 것입니다. 그러나 모든 것이 당신의 잘못만은 아닙니다. 지금의 실패와 고통이

영원할 거 같은 착각에 있을 것입니다. 절대 그렇지 않습니다. 수많은 실패들이 있고, 극복이 있습니다. 지나고 보면 실패는 결국 한시적이고 제한적입니다. 실패가 인간에게 주는 고통 역시 제한적입니다. 책들이 그렇게 말해줍니다. 수많은 실제 사례들이 그렇게 말해줍니다. 중요한 것은 지금을 버텨내는 것입니다. 힘들 때는 버티는 것만 해도 이기는 것입니다. 제가 증명하고 책 속의 수많은 위인들과 저자들이 그것을 증명해줍니다. 그 증명들을 자꾸 읽어내면 당신은 반드시, 반드시, 반드시 다시 일어나고, 행복해질 수 있습니다."

관점을 디자인하라

실패를 맛보기 전까지, 내 사업을 시작하기 전까지 나는 대한민국의 평균적인 삶을 살고 있었다. 서울에서 평범한 초 · 중 · 고등학교를 다녔다. 치열한 입시경쟁을 치르고 대학교를 졸업하고 입사경쟁을 치르고 회사에 들어갔다. 대학교 입시에서 실패하기도 하고, 입사경쟁에서 실패하기도 했지만, 결과적으로 경쟁에서의 승리를 쟁취한, 사회와 부모님들이 좋아하는 '모범적인' 삶이었다. 돌이켜보면 그 결실은 결코 모범적이지 않았다. 말 그대로 공장에서 찍어낸 사회의 부품이 되어가는 인생이었다. 내 생각은 개입될 틈이 없었다. 나는 '나'를 잘 몰랐다. 생각 없이 살았다. '일단 이렇게, 어른들이 시키는 대로 하는 게 맞는 거야. 열심히 하면 돼.' 이런 생각으로 그저 열심히만 살았다. 회사의 부품으로 살아가면서 비로소 '나'를 찾아 나서기 시작했다. 뒤늦게 진짜 철이 들었다. 나라는 사람은 틀에 박힌 회사원으로 살 수 없는 사람이었다. 그걸 회사 생활을 수 년 간 한 후에야 깨달았다.

사업 실패를 맛보고 나서 깊이 있는 '생각'을 해나갔다. 질문을 할 수밖에 없었다. 무엇이 잘못되었는지, 내가 뭘 잘못했는지, 어디서부터 어긋났는지, 지금부터라도 다시 일어서려면 어떻게 해야 하는지……. 하나부터 열까지 질문하고, 생각해야 할 것투성이였다. '나'라는 사람은 누구이고, 어떤 사람이고, 무엇을 좋아하고 싫어하는지, 무엇이 적성에 맞는지 안 맞는지, 왜 내가 실패하게 되었는지 질문과 답을 찾기 위해 노력했다. 그런 생각과 질문의 재료들을 책에서 많이 구했다. 손님이 없을 때 책을 읽고, 일을 하면서는 문득문득 생각에 빠졌다. 실패를 하고 독서를 시작하면서 자연스럽게 생각을 깊이 있고 체계적으로 하게 되었다.

마케팅 책들을 읽으면서는 가게를 살리기 위한 방법들과 연관지어 생각했다. 상황이 절실하니 한 줄 한 줄 모든 내용이 내게 의미 있게 다가왔다. '이걸 적용해보면 어떨까? 이렇게 해보면 손님들의 이목을 끌 수 있겠다. 이건 이렇게 활용해 볼 수 있겠다. 이 자리에서 장사가 안 되는 이유는 이렇겠구나……' 비록 책에서 배운 것들을 모두 적용할 수 없었고, 바로 현실에서의 좋은 결과로 이어지지는 못했지만, 배우고 생각하고 깨닫기 시작했다.

'나는 생각하기를 좋아한다. 창의적인 것을 좋아한다. 새로운 것을 생각하고 도전하기를 좋아한다.'

마케팅 서적들을 읽으면서 느꼈다. 마케팅 책들을 읽으면서 가슴이 뛰었다. 설레고 재미 있다. 이런 것들이 내 적성이다!

절실함으로 책을 읽기 시작했는데, 책의 재미를 느끼기 시작했다. 책을 통해서 내 적성을 만났다. 나를 찾았다. 재미 있어서도, 장사를 위해서도 계속 책을 읽었다. 책은 생각의 틀을 잡아주기도 하고 방향을 제시해 주기도 한다.

내 생각의 틀을 깨준 도끼 같은 책《관점을 디자인하라》에서 박용후 저자는 자신의 생각법을 이렇게 말해준다.

"질문이 틀렸다고 생각하는 순간, 다른 관점을 갖게 된다. 우리는 명심해야 한다. 질문도 틀릴 수 있다는 사실을 말이다."

"나는 창의적이라는 것을 당연함에 던지는 '왜?'라고 정의한다."

"풀리지 않는 것이 있을 때 나는 그것을 머릿속에 계속 올려놓는다. 내가 답을 찾지 못하고 보지 못했을 뿐, 해결 방법이나 해답은 있다고 생각하기 때문이다. 그러다 보면 계속 생각하고 고민을 하지 않더라도 머릿속에서 스파크가 일어날 때가 있다. 생각이 번쩍 떠오르는 것이다. 그러면 문제가 해결된다."

국수(國手)라고 칭해지는 고수 조훈현 바둑기사는《조훈현, 고수의 생각법》에서 이렇게 말한다.

"나는 그저 생각 속으로 들어갔을 뿐이다. 내가 답을 찾은 것이 아니라 생각이 답을 찾은 것이다."

몰입이다.

아인슈타인은 이렇게 말했다. "나는 머리가 좋은 것이 아니다. 문제가 있을 때 다른 사람보다 좀 더 오래 생각할 뿐이다. 어려운 문제에 부딪힐 때도 많았지만 다행히 신은 나에게 민감한 코와 노새 같은 끈기를 주셨다."

《파인만 씨 농담도 잘하시네》에서 나오는 리처드 파인만은 이렇게 고백했다.

"나는 생각하면서 걷다가 가끔 한 번씩 멈춰 선다. 너무 어려운 것을 생각하다 보면 걸을 수가 없다. 이때는 멈춰 서서 해결될 때까지 기다려야 한다." 놀라운 몰입이다.

황농문 교수의 《몰입》을 읽으면서 '생각'에 대해 더 깊이 있게 이해하게 되었다. 책을 읽기 전에는 몰입이란 것, 생각이란 것이, 노동이나 고통이라고 생각했다. 《몰입》을 통해서 생각이 얼마나 즐거운 일인지, 사람을 행복하게 만들 수 있는 것인지 이해하게 되었다. 교수라는 직업을 가진 황농문 교수가 무척이나 부러웠다. 생각해보니 나도 '몰입'의 행복을 느낄 수 있다. 사업을 생각하고 새로운 방법을 생각하면 '몰입'이라는 행복으로 나아갈 수 있다. 아직까지 저자가 말하는 몰입의 깊은 단계로 다가가지는 못했다. '슬로우 씽킹'의 단계에는 도달한 것 같다. 《몰입》에서는 몰입의 개념과 깊은 몰입에 다다르는 다섯 단계에 대해 주로 다루어준다. 이 다섯 단계는 나에게 아직도 어렵다. 《몰입 두 번째 이야기》에서는 보다 실천하기 쉬운 슬로우 씽킹에 대해 자세하게 설명해준다. 또 다른 시리즈인 《공부하는 힘》에서는 몰입과 학습을 연결해서 말해준다.

칙센트미하이의 《몰입의 즐거움》에 보면 미국의 시인 마크 스트랜드라는 사람이 이렇게 말한다. "일을 하다 보면 시간 감각을 잊고 황홀경에 빠져 지금 하는 일에 온통 사로잡힌다." 이런 황홀경과 행복감이 몰입이다. 이런 몰입에 빠지고 싶다.

나만의 몰입 방법 – 고속버스를 타고 차창 밖을 보거나, 산을 올라 천천히 걸어가기, 목욕탕에서 뜨거운 사우나에 있다가 찬물에 들어가기. 이럴 때 몰입의 단계에 들어간다. 몰입감이 느껴지고 행복감이 느껴진다. 그렇게 몰입하고 있다가 좋은 아이디어가 떠오르곤 한다. 늘 좋은 결과로 이어지는 것은 아니지만, 아이디어가 떠오르면서 쾌감을 느낀다. 나의 몰입은 아쉽게도 긴 시간은 못 된다. 아직 수련이 부족한 탓이다.

나중에 네오비 독서지향 지정도서로 읽은 책 보도섀퍼의 《돈》을 보고 깜짝 놀랐다.

"최고의 아이디어가 떠오르는 것은 차를 탈 때, 산책이나 운동을 할 때, 비몽사몽 간에 있을 때 등이다. 그럴 땐 바로 쪽지나 녹음기를 꺼내 아이디어를 붙잡아 놓아야 한다."

내가 평소에 느꼈던 상황과 비슷했기 때문이다. 이런 상황일 때

박용후 저자가 말하는 '관점의 변화'가 쉽게 이루어지는 것 같다. 의식과 무의식의 경계일 때, 무의식에 들어갔을 때에 관점의 변화가 자연스럽게 만들어진다고 생각된다.

생각과 몰입, 마케팅의 재미를 알고서 회사에 들어가, 경험도 없는 마케팅 일을 시작했다. 일은 정말 재미 있었다. 장사를 할 때 해야 했던 잡다한 다른 일들에 비교하면 그래도 마케팅에 상당 시간 집중할 수 있었다. 집에서 부천인 회사까지 2시간이 걸린다. 아침 6시 반에 전철을 타고 2시간 내내 책을 읽거나 생각을 했다. 집에 와서 밤에도, 쉬는 휴일에도 생각을 많이 했다.

'왜 이렇게 해야 할까?'

'우리 회사 제품을 팔기 위해 뭐가 필요할까?'

'어떻게 하면 우리 홈페이지에 사람들이 더 많은 관심을 가질까?'

'무엇에 집중해야 할까?'

유튜브를 바로 시작해야 한다는 주장은 받아들여지지 않았다. 몇 가지 아이디어들은 적용되었다. 길지 않은 근무 기간이었지만 마케팅으로 매출을 창출해내기도 했다. '나만 알고 싶은 선물 가게'와 같은 임팩트 있는 말들도 만들어냈다. 고객층을 넓히고, 홈페이지의 반응도 이끌어냈다. 새로운 아이디어로 매출을 올렸다. 생각도, 성과도 즐거웠다. 생각의 재미에 듬뿍 빠져 있었다.

《돈》에 이런 구절이 나온다.

"먼저 자신이 어떤 사람인지 생각하고, 자신이 좋아하는 일이 무엇인지 생각하세요. 그다음에는 그것으로 어떻게 돈을 벌 수 있을지 생각해보세요. 가장 좋은 방법은 이 질문을 매일매일 자신에게 던지고, 하루하루 더 나은 대답을 찾아가는 것입니다."

서른 중반이 넘어설 때까지 '생각' 없이 살았다. 폭풍처럼 순식간에 들이닥친 불행이 나를 비로소 본격적인 '생각'의 세상에 끌어들였고, 독서는 나를 깊이 있는 '사고'의 세계로 들어가게 해주었다. 나를 찾았다. 책과 생각 없이 살았던 40여 년 인생 동안 내가 찾았던 '나'의 모습이 10개였다면 불과 5~6년 동안 찾은 '나'는 100개이다. 이제야 '나'를 찾고 내 '인생'을 찾았다. 지금도 진행형이다. 자신감이 생겼다. 생각의 틀을 잡아가고 있다. 어떻게 살아야 할지 목표와 방향을 찾았다.

어느 철학자는 이렇게 말했다.

"강자란 보다 훌륭하게 고독을 견디어 낸 사람이다. 고독할수록 자유롭고 고독할수록 강하다."

나는 실패라는 고난 앞에서 누구보다 고독했다. 그걸 겪어냈기에 인생의 맛을 알고 나를 알아가고 진짜 생각을 할 수 있게 되었다.

내 곁에는 나를 깊이 있는 생각으로 이끌어주는 '독서'와 '독서 지향'이 있다. 내가 지치고 흔들릴 때 바라볼 수 있는 네오비 독서지향의 멘토들이 있고, 다독여줄 동료들이 있다. 멘토이신 김의섭 독서지향 회장은 이렇게 말씀하신다.

"내 인생 남은 기간 동안 1년에 100권 이상의 책을 읽는다고 해도 읽고 싶은 책을 다 못 읽을 거 같아요. 그래서 시간이 아까워서 나는 골프를 안 쳐요."

그저 경제적인 성공이 인생의 목적이라면 나는 직업상 골프를 쳐야 한다. 인생에서 가장 소중하고 제한되어 있는 자원이 시간이다. 내가 추구하는 인생의 '행복'을 위해서 나도 골프를 배우지 않는다.

생각에 대해 생각한다. '생각'과 '몰입'이라는 키워드가 내 인생의, 생각의 '관점'을 바꿔주었다. 삶이 곧 고통이라고 치부하던 시점에서부터 시작해서 이제 '나'를 찾는 길을 나아갔고, 행복을 찾아냈다. 독서, 생각, 마케팅, 글쓰기, 새로운 것, 창의성……. 이런 것들이 나를 행복하게 한다. "글쓰기는 인간의 본능입니다." 이은대 작가로부터 배운 가르침이다. 스승으로부터 배운 또 하나의 행복이다. 공통점은 몰입이다.

독서를 통해서 비로소 생각을 하게 되고 중심을 찾고, 나만의 '관점'을 가진 생각을 하게 되었다. 올바른 생각을 위해 질문을 질문한다. 더 나은 질문을 찾기 위해 질문한다. 답을 찾는 생각을 하기 이전에 내 스스로에게 올바른 질문을 던지기 위해 질문한다.

반복된 실패. 뼈저린 실패. 다시 복구할 수 없을 것처럼 보였던 인생이다. 독서를 하면서, 생각을 하면서, 나를 찾아가면서 이제 어느새 행복의 길에 다다랐다. 그 첫걸음이 '독서'의 시작이었다.

　책《관점을 디자인하라》가 말하는 관점의 디자인은 이 챕터의 제목과는 비슷하면서도 다른 의미이다. 나는 책을 읽으면서 생각의 틀을 깨고 다시 태어날 수 있었다. 나만의 관점을 디자인하고 만들어갔다. 실패, 인생, 생각, 행복에 대한 나의 관점을 만들었다.

신이 주신
가장 큰 선물, 독서

"독서가 취미입니다."

독서가 취미라고? 이력서에서 많이 보긴 했다. '취미 : 독서'

"취미가 독서입니다"라는 말을 들으면 이렇게 생각하곤 했다.
'잘난 척하는 건가?', '뻥이겠지.' '그냥 하는 말이겠지.'

과거에 이렇게 생각했던 지금 나의 첫 번째 취미는 독서이다. 취
미로 할애하는 시간으로 그렇고, 힐링이 되는 효과에서도 그렇다.
책장에 꽂혀 있는 아직 읽지 않는 책의 제목을 보고 있노라면 마음
이 흐뭇하다. 최근 들어서 약간 잘못 든 습관이 있다. 아직 안 읽은
책의 표지를 보고 있노라면 호기심과 궁금증, 읽고 싶은 강한 충동
으로 책을 들어 읽기 시작한다. 문제는 이렇게 앞부분을 읽기 시작
한 책이 동시에 너무 많다는 것이다. 워낙에 책을 동시에 여러 권
을 돌려가며 읽는 습관이 있지만, 요즘에 너무 과하게 되었다. 이
게 너무 과해서, 때로 10권이 넘는 책을 돌려 읽다 보니 앞에 읽은

부분이 기억이 안 나는 낭패를 겪고는 한다. 그렇게나 큰 충동을 느낄 정도로 나는 독서에 빠져 있다.

　내가 어릴 때인 1970년대에는 그저 뛰어놀기 바빴다. 초등학교에 들어간 1980년대에도 뛰어놀기 바빴다. 5학년 때 책을 많이 읽는 친구가 있었다. 공부를 잘하는 친구였다. 책을 읽는 친구가 멋져 보여서 그 친구가 재미 있게 읽는 같은 책을 따라서 읽었다. 학교생활을 하는 개구쟁이들의 이야기를 재미 있게 엮은 소설책이었다. 몇 권 안 읽었지만 지루한 시간을 좀 견뎌내니 나름 재미가 있었다. 중학교부터 고등학교 때까지 당연히 책을 안 읽었다. 읽은 책이라고는 교과서와 참고서이다. 재미없는 기미독립선언문을 여러 번 반복해서 읽었다. 국어 성적을 위해서 고전소설, 현대소설을 읽었다. 재미가 없었다. 중학교 고등학교 때는 너나 할 것 없이 거의 모두 책을 안 읽었다. 성적이 제일이고 대학교 입시가 우선인데 성적과 관련이 없는 책을 읽을 시간 자체가 없다.

　학교 다닐 때 글을 참 못 썼다. 무얼 어떻게 써야 할지 막막 그 자체였다. '그냥 편하게 생각나는 대로 써라'라는 말이 더 막막하게 느껴졌다. 누나는 글짓기대회에서 늘 상을 받아왔다. 집에 누나의 상장이 한 가득이었다. 나는 글과 관련한 상을 단 한 번도, 정말 한 번도 받아보지 못했다.

　대학교 때 약간의 책을 읽었다. 유식해지고 싶었고, 유식해 보이고 싶은 욕망이 있었다. 《소유냐 존재냐》, 《참을 수 없는 존재의 가벼움》 같은 품격 있어 보이는 책들이었다. 재미가 없었다.

직장에 들어가서도 책을 거의 안 읽었다. 돈에 관심이 많으니 부동산과 재테크에 관한 책들을 조금 읽었다. 《부자 아빠 가난한 아빠》를 읽으면서 경제관념을 잡았다. 저자가 말하는 '자산'과 '부채'의 개념이 머릿속에 꽉 잡혔다. 부자가 되고 싶어서 몇 권의 책을 공부로 읽었다.

장사를 하면서부터는 책을 더 안 읽었다. 장사가 잘되고 잠깐의 성공 속에서 책은 더 멀어졌다. 그러다가 실패를 만났다. 실패가 나를 독서로 잡아끌었다.

지푸라기라도 잡는 심정이었다. 뒤늦게 시작한 사업 공부이기도 했다. 영업에 관한 공부, 마케팅에 관한 공부, 장사에 관한 공부. 책을 읽다 보니 장사에 관한 공부를 해본 적이 없다고 느꼈다. 돈 수억 원이 들어가는 장사인데, 나와 가족의 생사가 달린 장사인데 그에 관한 공부를 한 적이 없었다. 그저 남들도 잘하는데 나도 하면 잘될 줄 알았다. 잠깐 장사가 잘될 때는, '나는 장사의 소질을 타고난 사람인가 보다' 라고 착각하기도 했다.

책을 읽어가면서 공감과 위안을 얻기 시작했다. 누구에게도 받지 못한 공감이고 위로였다. 금방 다 치유될 수는 없었지만, 읽어나갈수록 막혔던 숨을 쉴 수가 있게 되었다. 자기계발서를 읽어나가면서는 조금씩 아주 조금씩 희망이 생겼다.

'어쩌면, 나도 다시 전처럼 평범하게 잘 살 수 있을지도 모르겠다.'

'이 사람들도 이렇게 고난을 겪었는데 나중에 이런 훌륭한 사람이 되었잖아.'

'난 이미 틀렸다'라는 깊은 수렁에 빠진 나에게, 책은 희미하게 비추는 한 줄기 빛이었다. 빛을 점점 더 많이 보고 싶었다. 공부가 성과로 나타나면 재미 있다. 장사를 하면서 회사에서 마케팅 일을 하면서, 이렇게 해보고 저렇게 적용해보니 재미가 있었다. 나만 힘든 건 줄 알았다. 나만 이런 고통에 빠진 줄 알았다. 고난을 겪은 다른 사람의 스토리를 읽다 보니 그들의 성공이 나의 성공 같은, 내가 해낸 거 같은 카타르시스를 느꼈다. 나에게는 아예 없는 것처럼 보였던 '희망'이라는 것이, 책을 읽으면서 희미하게 보이다가 점점 더 크게 보였다. 마음의 위로를 받고, 희망이 점점 더 잘 크게 느껴지는 과정이 재미가 있었다. 약해 보이던 지푸라기가, 절박함을 타고 조금씩 올라가다 보니 단단한 동아줄이었다. 절박함으로 시작한 책이 점점 재미 있어지기 시작한 것이다.

그런 시기에 독서모임 '네오비 독서지향'을 만났다. 책에 재미를 느끼고 있을 무렵이라 독서모임이 신세계처럼 느껴졌다. 착하게 살았지만, 고생만 해온 나를 위해 신이 주신 선물처럼 느껴졌다. 그곳에 모인 분들이 주신 긍정 에너지로 주린 내 마음의 고픔을 채웠다. 독서가 재미 있지만, 독서 토론은 더 재미 있었다. 다른 사람들의 생각을 듣는다는 것이 이렇게 재미 있는 일인 줄 처음 알았다. 조별토론을 하고, 조별 대표가 나와 한 사람씩 발표하는 전체토론을 하고, 마지막으로 파워포인트로 준비한 원포인트 레슨을 한다. 이제 막 재미 있게 읽고 온 따끈따끈한 책을 다른 사람의 시선으로 이렇게 다양한 '관점'으로 들을 수 있는 기회가 신기했다. 제목은 같은 책이지만, 네오비 독서지향에서 함께한 책과 나 혼자 읽은 책은 완전히 다른 책으로 다가왔다. 지정도서 중에 나에게는 재미없는 책도 있다. 그런데 그런 책이 독서지향에서 함께 토론하고 원포인트 레슨을 듣고 나면 다른 의미로 다가온다. 나 혼자서는 느낄 수 없는 다른 재미가 있다.

재미라는 측면에서 독서와 독서모임의 차이는 글로 다 설명할 수가 없다. 백문이 불여일견(白文不如一見)이라 한다. 이 책의 독자들에게 꼭 당부하고 싶다. 독서의 재미를 위해서도 독서모임은 꼭 참석해보길 바란다.

혼자 책을 읽으면서 고민이 있었다. 처음에 많이 빌려서 본 영향도 있지만, 소장하는 책들도 중요한 부분이나 다시 보고 싶은 부분의 표시를 어떻게 해야 할지 몰랐다. 연필로 밑줄을 치곤 했는데 삐뚤삐뚤 지저분해 보였다. 원하는 부분을 금방 찾을 수도 없었다. 나중에 보니 다른 독서법 책들에 그런 내용이 나왔다. 나는 독서지향에서 처음 배웠다. 첫날 선물로 받은 노란색 색연필로 밑줄을 치니 조금 삐뚤어져도 보기에 이쁘다. 귀 접이를 하니 더 중요하게 생각하는 부분을 금방 찾을 수 있다. 이런 기술적인 부분들도 한 번에 다 해결되었다.

혼자 책을 읽어나가다 보니 다음에 어떤 책을 읽을지도 고민이 되었다. 따로 시간을 할애해서 사람들의 독서 리뷰나 추천도서 목록을 찾아보기도 했다. 때론 그런 책들에게 실망하는 경우도 있다. 네오비 독서지향에서는 반기마다 책을 선정해준다. 그 책들은 기본적으로 읽어야 하므로 고민할 필요가 없다. 회장님이 추천을 받고 직접 읽어보고, 그중에서도 좋은 책만 골라주기 때문에 양서들로만 선정이 된다. 선정도서 이외에는 내가 읽고 싶은 책들로 채운다. 독서를 처음 시작할 때는 책을 고르는 것도 일이었는데 이제는 선정도서도 있고, 읽고 싶은 책도 너무 많아서 탈이다.

우리나라 사람들의 하루 평균 독서시간은 6분이라고 한다. 세 명 중 한 명은 1년에 책을 한 권도 읽지 않는다. 독서율(독서 인구)과 평균 독서량도 줄어들고 있다. 경제가 어려워지고 삶이 각박해지면서 점점 더 책을 안 읽는다고 한다. 나처럼 쫄딱 망하면 책을 읽게 될 텐데, 적당히 힘들어서 책을 더 안 읽게 되는 건가? 취미가 독서인 사람으로서는 매우 안타까운 현상이다. 재미까지만 가면 누구나 쉽게 독서에 빠지게 될 텐데. 마치 풍경이 보이는 엘리베이터를 타고 위로 올라가는 것처럼 재미와 성장을 느낄 수 있을 텐데 ·······.

성공으로 가는 길에 두 가지 방법이 있다.

배수의 진을 치고 피눈물 나는 노력으로 이루어 가는 방법이 첫 번째이다.

자기가 재미 있어서 재미 있는 일을 하다 보니 성공을 하게 되는 방법이 두 번째이다.

한 가지만 옳다라고 말할 수는 없다. 한 가지 방법만 선택할 수도 없다.

다만 앞으로 남은 나의 인생의 길은 두 번째 방법 위주로 택하고 싶다. 이미 많이 써봤던 첫 번째 길에서 성공하지 못했다. 기계처럼 공부하고 열심히 회사 생활하고 장사했지만 성공하지 못했다. 실패의 결과도 고통스러웠지만, 이 과정 또한 견디기 어려울 만큼 괴로웠다. 고통은 미덕이 아니다.

두 번째 방법으로 가기 위한 가장 좋은 방법은 일에 대한 몰입과 독서이다. 몰입을 통해서 일을 재미 있게 할 수 있다. 전에는 워커홀릭을 이해할 수 없었다. 지금은 이해한다. 일에 대한 몰입은 오히려 부러움의 대상이다. 나를 찾아가면서 나를 알아가게 되면서,

일을 몰입의 대상으로 더 쉽게 만들어 갈 수 있었다.

고통 없이 할 수 있는 자기 성장은 독서를 취미로 가진 사람이 누릴 수 있는 특권이다. 재미 있게 취미 생활을 하면서 성공에 다가갈 수 있다.

지금 실패로 힘들게 살고 있는 당신이라면, 이제 독서를 가장 좋아하는 취미로 만들어야 할 때이다.

나에게 있어 독서는 신의 축복이다. 신의 선물이다.

독서를 하면서 지식과 정보와 지혜를 쌓아가고 있다. 그런데 놀랍게도 나에게 부족한 부분은 점점 더 커져가고 있다. 세상을 보는 눈이 자꾸만 새로 생기고 바뀌기 때문이다. 내 관점을 바꿔주는 책을 만날 때마다, 도끼 같은 책들을 만날 때마다 내가 몰랐던 세상의 다른 부분이 열린다. 분명 같은 세상인 거 같은데 내가 알던 세상이 아니다. 관점을 바꿔서 다른 곳에서 바라보고 생각할 때마다 다른 세상이 생긴다. 읽은 책이 많아지면서 신기하게도 읽어야 하는 책, 읽고 싶은 책들은 점점 더 많아진다. 따라 잡을 수가 없다. 이런 세상이 신기하고 재미 있다.

세상이 온통 칠흑같이 어두워 보이고 나의 세상은 단 하나뿐이라 여겨질 때, 이때가 다른 세상을 보여주는 신의 가장 큰 선물을 받을 때이다.

고난극복 〈현실독서〉
19가지 팁

부동산산업의 날 기념 네오비 유튜브 생방송의 한 코너로, 독서 지향에 대해서 소개하는 유튜브 생방송에 출연했다. 조영준 교수 님이 독서의 습관화에 대한 질문을 갑작스레 주셨고 나는 이렇게 대답했다.

"독서를 습관화하려면 절실함이 있거나 재미를 느끼거나 둘 중의 하나만 있으면 가능합니다."

그렇다. 둘 중의 하나만 가질 수 있다면 약간의 노력으로 독서를 습관으로 만들어낼 수 있다. 생방송 중에 질문을 받고 생각해내었 던 두 가지 답 이외에 한 가지를 더 제시하고 싶다. 바로 '독서모임' 이다. 세 가지 중의 하나를 가지고, 거기에 약간의 노력을 더 한다 면 당신은 독서를 취미로 가진 독서가가 될 수 있다. 두 가지를 다 가졌다면 더 작은 수고만이 필요한 것은 당연한 이치이다.

독서를 시작할 때 나는 절실함을 가지고 있었다. 언제부터인가 재미까지 더해서 두 개를 가지게 되었고, 몇 년 후에 세 번째 요소인 독서 모임을 만나면서 진짜 독서가가 되었다.

절실함을 가지고 무작정 책을 읽었다. 실패하고 극복해본 나의 경험으로, 독서는 보통 사람이 할 수 있는 가장 현실적이고 빠른 실패의 치유법이다. 가장 구체적이고 현실적인 치유법이라 〈현실독서〉이다. 현실적으로 습관을 만들 수 있는 방법이라 〈현실독서〉이다. 내 독서 경험 속에 있었던 경험을 추려서, 그 속에서 얻은 소중한 독서의 팁을 독자들에게 전하려고 한다. 독서 습관을 만들고 싶은 이들에게 좋은 팁이 되어줄 것이다.

첫 번째 방법 책을 여러 권 돌려가며 읽는다.

이 방법은 사실 '몰입' 이론과는 반대되는 방법이다. 그럼에도 불구하고 독서 초보자들에게는 유용한 팁이다. 마케팅, 에세이, 자기계발서 등 장르를 여러 분야로 나누면 더 효과적이고, 그렇지 않아도 상관없다. 이 책을 읽다가 집중이 안 되고 재미가 없으면 잠시 놓는다. 읽고 싶은 다른 책을 읽는다. 이렇게 몇 권의 책을 번갈아 가면서 읽는 방법이다. 한 권을 읽다가 책을 읽기 싫어지면 보통은 티브이를 켜거나 스마트폰을 보기 쉽다. 책을 번갈아 가며 본다면, 독서시간을 길게 가져가고 독서를 습관화하는 데 도움을 받을 수 있다. 장르까지 다른 책이라면 지루함을 덜 수 있는 장점도 더해진다. 예를 들면, 마케팅 책이 더 절실하지만, 읽다 보면 지칠 수 있다. 이럴 때 따뜻한 에세이를 읽는다면 금방 다른 재미를 찾을 수 있다. 책을 읽기 시작하는 아주 초창기에는 한 권을 다 읽는 완독이 성취감을 주는 효과도 있으므로 최초에는 한 권만 읽는 것도 좋은 방법이다. 그러나 몇 권을 완독하고 나서는 이렇게 돌려가며 읽는 방법이 독서시간을 늘리고, 지루함을 줄일 수 있는 방법이된다. 독서의 재미를 잃지 않는 가장 좋은 방법이 된다. 이 방법의 단점이 있다. 동시에 읽는 책이 다섯 권이 넘어가면, 앞부분의 내용이 잘 생각이 안 나는 경험을 하곤 했다. 너무 많은 책을 돌려보는 것은 금물이다.

특히, 집중력이 약하고 쉽게 지루함을 느낄 수 있는 독서 초보자들에게 이 방법을 추천한다.

두 번째 방법 재미없는 책은 다시 고이 꼽아놓는다.
나중에 보도록 지금은 넘겨버린다.

독서를 처음 시작할 때 이런 경험이 있었다. 처음에는 절실함으로, 억지로 억지로 열심히 읽었다. 지나고 보니 억지로 읽은 책은 머릿속에 남는 게 오히려 별로 없었다. 지금 독서를 시작하는 사람이 이런 책을 읽는다는 것은 독서의 재미에 큰 방해가 될 수 있다. 나중에 독서가가 된 이후에는 재미없는 책도 읽어야 한다. 독서지향 회장님은 이렇게 말씀해주셨다. "잘 안 읽히는 책이 자신에게 많이 부족한 부분인 거예요. 잘 안 읽힌다고, 재미없다고 안 읽으면 안 됩니다." 좋은 말씀이시다. 그러나 적어도 독서 초보자는 굳이 이런 어려운 길을 갈 필요가 없다고 생각한다. '이 책은 재미없다. 내가 지금 읽는 것은 무리이다'라고 생각이 된다면 과감하게 젖혀버리고 갈 것을 추천 드린다.

세 번째 방법 **책은 지저분하게 본다.**

이 방법은 독서에 관한 책에 공통적으로 나오는 말이다. 독서를 해본 분들이 많이 해주는 말이기도 하다. 책을 내 것으로 소화하기 위해서 줄 치고 메모하라는 말이다. 학교 다닐 때 공부를 할 때는 주로 샤프펜으로 밑줄을 쳤었다. 절실함으로 독서를 시작할 때, 도서관에서 책을 빌려볼 때는 그냥 보기만 했다. 책을 사서 보기 시작했을 때 중요한 부분을 표시하고 싶을 때 학생 때 했던 것처럼 샤프펜으로 줄을 쳤다. 보기가 안 좋았다. 독서지향에 간 첫날, 이런 스킬들을 배웠다. 밑줄은 노란 색연필로 친다. 깨달은 점 배운 점 의문점 적용할 점을 책 지면의 위아래에 써넣는다.

책의 중요한 부분은 책 지면의 윗부분 모서리를 삼각형으로 접는 귀접이를 하거나 포스트잇으로 표시한다. 이렇게 표시하면 내가 읽은 책을 네 단계로 구분할 수 있다. 1단계 밑줄 없이 읽고 지

나가는 부분. 2단계 노란 색연필이 있는 중요한 부분. 3단계는 귀
접이 등 페이지 표시가 있는 더 중요한 부분. 4단계는 내가 깨달은
점, 적용할 부분을 적어 넣은 곳이다.

이렇게 구분이 되어 있으면 나중에 이 책을 다시 읽거나 찾아볼
때 빠른 시간 안에 금방 할 수 있다. 귀접이 부분만 빠르게 다시 읽
거나, 노란 색연필 부분만 다시 읽어도 재독과 비슷한 효과를 가질
수 있다. 메모한 부분을 다시 읽으면, 먼저 읽었을 때와 지금의 내
가 다르고 성장해 있음을 느낄 수 있다. 나만의 인생 교과서로 재
탄생한다.

《읽는 대로 일이 된다》라는 책에는 이런 구절이 있다.

"책을 구입할 때는 미완성이며, 자신의 손으로 메모하고 기입하
는 순간 완성된다."

여기에 한 가지 더 추가하고 싶다. 독서모임에 가서 토론하는 내
용을 B5 크기의 용지에 메모한다. 그 용지를 책에 꽂아 놓는다. 이
렇게 하면 내가 읽은 내용뿐만 아니라 다른 사람의 독서 생각까지
함께 볼 수 있다. 책을 재독을 할 때 다른 사람의 좋은 생각까지 함
께 볼 수 있다. 5단계가 되는 것이다.

네 번째 방법 **책을 빌려서 보지 않는다. 반드시 사서 본다.**

이 말을 예전에 들었을 때는 출판사와 서점들이 장사하기 위해

퍼트린 말이라고 생각했다. 막상 내가 독서가가 되어보니 반드시 지켜야 할 가장 중요한 말이었음을 뼈저리게 느끼고 있다. 독서를 본격적으로 처음 시작할 때 나는 너무 가난했다. 어쩔 수 없이 도서관에서 책을 빌려 읽었다. 책을 빌려서 읽으니 밑줄을 치거나 표시를 할 수가 없었다. 인생이라는 시험장에서 내가 공부한 참고서를 빌려서 보고 다시 도서관에 반납하는 꼴이다. 줄을 칠 수가 없고 중요한 부분을 반복해서 볼 수가 없다. 이렇게 공부해서 어떻게 인생이라는 시험장에서 좋은 성적을 거둘 수 있을까? 어쩔 수 없었다고는 해도, 독서 인생에서 가장 후회되는 것이 초반에 책을 빌려서 본 것이다. 이런 책이 수백 권이다. 뒤늦게 이를 깨닫고 돈이 생길 때마다 과거에 읽었던 좋은 책들까지 사서 줄을 치고 귀접이를 하면서 다시 읽었다.

요즘은 중고 책이 온라인 서점에도 많고 오프라인 서점에도 많다. 서울시에서 송파에 개점한 대형 중고서점도 있다. 중고 책이 옛날처럼 오래되고 낡은 책들이 아니다. 1년 이내 신간 책 코너가 따로 있을 정도로 잘되어 있다. 신간 중고 책은 그래도 가격이 나가지만, 출간된 지 오래된 스테디셀러인 경우에는 책의 내용도 좋고 가격도 저렴하다. 중고서점(온라인, 오프라인)에 가면 마음이 풍성해지고 부자가 된 거 같은 기분이 든다. 이 많은 책들을 이렇게 저렴하게 살 수 있다니……. 중고 책도 좋으니 책은 반드시 사서 나만의 양서로 삼아야 한다.

지금은 노란색 줄들이 있는 나의 양서들이 꽂혀 있는 책장을 보면 마음이 포근해지고 든든하다. 한 가지 덧붙이자면, 당연한 이야기긴 하지만, 내가 읽은 좋은 책은 절대로 빌려주거나 팔지 않아야 한다.

다섯 번째 방법 책장을 준비하고, 읽은 책은 장르를 구분해서 꼽아놓는다.

책장은 작은 것으로 시작해서 큰 것으로 옮겨도 된다. 책장을 채우는 재미를 느낀다. 처음부터 책장의 공간에 도서의 장르를 구분해서 꼽아놓는다. 읽었던 책을 다시 찾아봐야 할 때 매우 편리하다. 내 기분에 따라서 혹은 문득 떠오른 읽고 싶은 구절이나 책이 생각났을 때 빨리 찾을 수 있어서 좋다. 처음 읽는 책보다, 좋은 책의 재독이 얼마나 더 좋은지는 경험해보면 알 수 있다.

아직 읽지 않은 책과의 구분법. 읽은 책은 세로로 꼽고 읽어야 할 책은 가로로 꼽는 방법이 있다. 또 한 가지 방법은 읽어야 할 책을 따로 공간을 마련해서 모아두는 것이다.

여섯 번째 방법 책장은 주로 책을 읽는 책상 옆에 둔다.

읽으려고 사둔, 아직 시작하지 않은 책을 잘 보이게 둔다. 책을 읽고 있는 책상 옆에 책장이 있으면, 내가 현재까지 읽은 책을 보면서 마음이 뿌듯해진다. 사다놓고 아직 읽지 않은 책을 보면, 지금 읽고 있는 책이 조금 지겨워져도 그 책을 읽고 싶어져서 독서에 집중하게 된다. 보이는 곳에 읽고 싶은 책들이 쌓여 있는데 지금 책을 읽느라 읽을 수 없는 책을 보는 것은, 옆에 진수성찬이 차려져 있는데 지금 먹는 음식 때문에 먹지 못하는 것과 약간 비슷한 느낌이다. 그러다 보니 자꾸 다 읽지 못한 상태에서 동시에 너무 많은 책을 읽기 시작하는 일이 생긴다. 적당한 양은 괜찮지만, 너무 많은 책을 돌려보면 앞부분의 내용과 흐름이 단절되는 단점이 나타나기도 한다. 어쨌든, 안 읽은 책을 보이는 곳에 두는 것은 군침을 흘리며 독서에 열중하게 하는 효과를 준다.

일곱 번째 방법 **솔직한 동기를 활용하자.**

정회일 작가는 《읽어야 산다》에서 이렇게 밝힌다.

"육체적 고통의 지옥을 겪고 나서는 본능적인 동기로 책을 읽기 시작했다. 이성에게 멋지게 보이기 위해서!"

솔직하고 재미 있는 동기다. 《완벽한 공부법》의 고영성 저자도 유튜브를 통해서 이렇게 밝혔었다.

"독서 습관화가 되는 과정에서 전철이나 커피숍에서 많이 읽었었다."

자신이 이성에게 멋지게 보일 거라는 기대심리, 만족감이 있었다고 한다. 이성에게만 보여주는 것이 아니라, 장사를 한다면 독서를 하는 긍정적인 모습을 손님들에게 보여줄 수 있다. 장사를 하는 틈틈이 책을 읽고 있는 모습을 손님들이 본다면 가게의 이미지에 긍정적인 도움이 될 것이다. 집에서 아이 옆에서 독서를 하면 가장 좋은 교육이 된다. 동기가 약간 유치하면 어떤가. 이런 재미도 독서의 습관을 만드는 데 도움이 된다면 꼭 누려야 한다고 생각한다. 출퇴근 시간에 대중교통을 이용하면서 반드시 독서를 하자. 장사를 하면서 비는 시간이 있으면 손님에게 보여주기 위해서 독서를 하자. 교육적 목적을 위해서도 집에서 아이가 잘 보이는 곳에서 독서를 하자. 독서의 습관화에 이만큼 좋은 방법이 없다.

여덟 번째 방법 어설픈 조언을 듣지 말자.

이건 팁이라기보다는 당부의 말이다. 힘든 상황에서 독서를 하면 주변 사람 중에 이렇게 말하는 사람들이 있기 마련이다. "지금 그렇게 힘든데 무슨 책이냐?" "지금 한가하게 책이나 읽을 때야?" "술이나 먹으러 가자" 이렇게 말하는 사람은 책에 대해 전혀 모르는 사람이다. 게다가 당신의 심정을 정확하게 공감하지 못한다. 당신을 위로해주고 싶은 마음이야 있을지 모르지만, 정확한 공감이 아니다. 이런 배경으로 해주는 말을 전혀 들을 필요가 없다. 절대

들어서는 안 된다. 술 한잔 같이하며 한두 번 털어놓을 수는 있지만, 음주에 빠져서는 안 된다. 청울림은 《나는 오늘도 경제적 자유를 꿈꾼다》에서 3년여 간 친구를 만나지 않았다고 밝힌다. 고정적인 수입을 만들기 위한 스스로의 다짐이었다. 절실함에서 오는 결심이다. 독서를 잘 모르는 사람들이 던지는 무근본 조언에 신경 쓰지 말고, 나의 절실함을 가지고 정진하면 재미가 다가오게 된다.

아홉 번째 방법 **독서 목표를 세우고 성취의 재미를 느끼자.**

재미에는 성취의 재미도 있다. 연 단위, 월 단위의 목표를 정하고 책을 읽고 목표를 달성한다면 그 또한 재미를 느낄 수 있는 부분이다. 아울러 자존감, 자신감도 회복하는 좋은 방법이 될 수 있다. 새해가 되면 연 독서 목표 권수를 정한다. 새해가 아니라면 1년 동안의 목표를 세우고, 목표를 365일로 나눈 다음에 올해 남은 일수를 곱해서 올해 남은 기간 동안의 목표를 세운다. 월 단위의 목표도 세운다. 목표는 크게 세우는 것이 좋다고 하지만, 시작하는 독서의 목표는 너무 크지 않게 시작하는 게 좋겠다. 무엇보다 성취의 만족감이 제일 중요하다.

다이어리나 수첩에 목표를 적는다. 책을 완독할 때마다 읽은 책의 제목, 저자, 완독 날짜, 책의 장르를 기록한다. 아울러 추천도서나 읽고 싶은 다음 책들도 따로 기록해둔다. 다이어리에 적어도 되

	A	B	C	D	E	F
1	연번	도서	저자	비고	날짜	종류
2	1	부동산오감설득공식	알마스터		2020.1.1	부동산
3	2	나는오늘도경제적자유를꿈꾼다	청울림		2020.1.2	부동산
4	3	부부사이 알고사십니까	이규현		2020.1.5	기타
5	4	굿라이프	최인철	독서지향	2020.1.6	자기계발
6	5	노마드비즈니스맨			2020.1.10	경영
7	6	에이트	이지성		2020.1.13	경제
8	7	1인기업 프로강사가 되라	공유진		2020.1.19	자기계발
9	8	나는 세상으로 출근한다	박용후		2020.1.22	자기계발
10	9	터지는 아이디어			2020.1.25	Think
11	10	유쾌한 두뇌샤워			2020.1.27	Think
12	11	지금하지않으면 언제 하겠는가	팀페리스		2020.2.2	자기계발
13	12	Onething			2020.2.2	자기계발
14	13	끌리는리더의조건	타이베넷	독서지향	2020.2.11	자기계발
15	14	아주작은습관의힘	제임스클리어		2020.2.15	자기계발
16	15	직장인을 위한 왓칭	김상운	독서지향	2020.2.23	자기계발
17	16	부동산 천재가 된 김과장	렘군	독서지향	2020.3.1	부동산
18	17	혼자서 알리바바 도소매 직구			2020.3.2	경영
19	18	왓칭	김상운		2020.3.8	자기계발
20	19	관점을 디자인하라	박용후	독서지향	2020.3.13	Think

엑셀로 정리한 독서목록. 책의 종류와 날짜가 있다.

엑셀로 정리하면
수정이나 추가가 편하다.
나중에 연간 읽은 책의
장르 구분 통계가 편하다.

지만 엑셀로 정리하는 것도 좋은 방법이다. 엑셀로 정리하면 수정이나 추가가 편하다. 나중에 연간 읽은 책의 장르 구분 통계가 편하게 된다. 이렇게 장르 구분이 되면 자신의 독서 성향을 쉽게 파악할 수 있고, 다음 해의 목표를 세울 때도 도움이 된다.

열 번째 방법 책을 읽게 되는 환경을 만든다.

읽고 있는 책은 내가 움직이는 활동반경의 보이는 곳에 여러 곳에 둔다. 책상에도, 화장실에도, 이불 옆에도 책이 있으면 좋다. 책과 친해지고 자꾸 읽게 된다. 책을 읽게 되는 환경을 만들어 간다. 책상에 앉아서 집중해서 읽는 책도 좋다. 몰입이 잘되고 독서의 진도를 빨리 뺄 수 있다. 일을 하다가 잠깐 머리를 식히려고 읽는 책도 좋다. 일에서 잠깐 나와 다른 머리를 쓰기 때문에 리프레시가 된다. 화장실에서 잠깐 읽는 책도 좋다. 짧은 시간이지만 좋은 구절을 만난다면 머릿속에 되뇌기에 좋다. 자기 전에 느긋하게 누워서 읽는 책도 좋다. 피곤할 때 누워서 편안한 마음으로 읽는 책은 휴식같이 다가온다. 잠이 더 잘 온다.

열한 번째 방법 장소를 옮겨가며 읽는다.

학교 다닐 때 집에서 공부를 하다가 지겨우면 도서관 가고 또 지겨우면 장소를 옮겼던 경험이 있다. 지루해질 만하면 장소를 옮기는 것도 방법이다. 독서도 마찬가지다. 습관이 만들어지기 전까지는 더 금방 지루해진다. 책상에서 집중해서 읽다가 지루해질 때, 책을 바꿔도 되지만 장소를 바꾸는 것도 방법이다. 방이 여러 개 있다면 방을 옮겨 다니며 읽는다. 장사를 하고 있다면 주방에서 읽다가 1번 테이블에서도 읽고, 3번 테이블에서도 읽는다. 테이블마다 느낌이 다르다.

쉬는 날이라면 집에서 읽다가 지겨워지면 도서관으로 장소를 옮긴다. 도서관에 있는 많은 책장 옆에서 읽는 독서의 맛은 또 다르다. 지루해질 만할 때 책장의 여러 책을 구경한다. 내가 좋아하는 장르의 책장에서 여러 책들을 뒤적여 보는 것도 재미 있다. 고영성 작가처럼 커피숍에 가서 외부 창을 보면서 읽는 독서도 재미 있을 거 같다. 지루해질 무렵 행인들 구경도 하고, 독서를 하는 내 모습을 봐주는 사람들의 시선은 지루할 때 즈음의 나에게 좋은 자극이 되어줄 것이다.

열두 번째 방법 **새벽 독서를 한다.**

독서를 한참 하고 새벽 시간의 소중함을 알게 되었을 무렵이었다. 아직 다른 사람들은 일어나기도 전에 《미라클 모닝》이 제시하는 '라이프 세이버' 여섯 가지 중 하나인 새벽 시간의 독서를 시작했다. 깜깜한 새벽에 나 홀로 스탠드 불을 켜고 독서에 몰입을 했던 어느 순간에 느꼈다.

'이런 소중하고 숭고한 시간에 내가 독서를 하고 있구나!'

종교적인 느낌이었다. 내가 하고 있는 일이, 예전의 나라면 하지 못했을⋯⋯. 굉장히 소중하고 숭고한 일을 하고 있는 느낌. 내가 소중한 사람이라고 느껴지고 대단한 사람인 것 같은 느낌이 들었다. 자존감과 자신감이 올라가는 순간이었다.

여기 제시한 열 아홉 개의 팁 중에서 딱 하나만 꼽으라고 한다면 나는 주저없이 새벽독서를 꼽을 것이다. 새벽은 새로움이다. 실패했지만 새롭게 시작할 수 있다. 그런 느낌을 각인시켜주는 것이 새벽독서다. 새벽독서를 1년간만 꾸준히 해도 큰 위안을 받을 수 있다. 아니, 100일만 해봐도 다른 느낌의 나를 만날 수 있다. 자신이 일어날 수 있는 가장 빠른 시간을 목표로 정하자. 목표대로 일어나서 스탠드를 켠다. 독서를 할 때는 천장 등을 켜는 것보다 내가 있는 곳만 켜는 스탠드 등이 좋다. 몰입도가 더 올라간다. 새벽 독서의 스탠드 등은 종교적인 느낌을 준다. 새벽이 적막하게 느껴진다면 음악과 함께 하는 것도 좋은 방법이다. 핸드폰 어플 중에 MBC mini가 있다. 라디오 어플인데 여기서 올댓뮤직을 선택하면 2시간 동안 같은 장르의 음악이 멘트나 광고 없이 나온다. 유튜브에서 좋아하는 장르의 편집 음악을 듣는 것도 좋다.

《미라클 모닝》을 꼭 읽어보고 라이프 세이버 6가지를 실천해보

자. 무엇보다 새벽 독서를 시작해보자. 새벽 시간에는, 직접 해보기 전에는 느끼지 못할 숭고함이 있다. 가장 경이로운 시간에 나를 가장 사랑하고 보듬는 행위인 '독서'를 해보면 안다. 인생에서 처음 느껴보는 남다른 느낌의 '나를 사랑하는 마음'이 생겨나게 된다. 내가 나를 스스로 위안하고 보듬는 따뜻한 감정을 느끼게 된다. 독서와 한 걸음 더 친해지게 되는 것은 당연한 일이다.

열세 번째 방법 띄엄띄엄 읽는다.
완독에 대한 부담감과 의무감을 버린다.

처음 독서를 시작할 때에는 무작정 다 읽었다. 프롤로그부터 에필로그까지 빠짐없이 읽었다. 프롤로그는 보통, 저자가 어떤 내용으로 책을 풀어놓을지 가닥을 잡게 해주는 내용으로 쓰여 있어 특히 제일 재미 있는 부분이기도 하다. 독서법을 알려주는 책과 선배 독서가들은 책을 100% 꼼꼼하게 읽을 필요가 없다고 말해준다. 유근용 저자는 《일독일행 독서법》에서 이렇게 말한다.

"내용도 잘 모르겠고, 재미도 없고, 감동도 없는 책을 읽어야 하는 것보다 더한 고역은 없다……. 2년 전부터는 완독에 대한 부담감과 의무감을 버렸다. 한 달에 30권 정도의 책을 읽으면 그중 20권만 꼼꼼히 읽고 나머지 10권은 필요한 부분만 읽는다. 정말 책을 많이 읽는 사람들을 만나 이야기해보면 그들의 독서방법 역시 나와 다르지 않았다."

독서 초보자일수록 건너뛰는 독서법이 익숙하지 않다. 책을 많이 읽을수록 익숙해진다. 나는 처음 독서를 시작할 때부터 절실한 마음으로 처음부터 끝까지 모조리 읽어냈다. 그래서 띄엄띄엄 방법이 아직도 익숙하지 않다. 처음 독서를 시작할 때부터 이 방법을 염두에 두고 하는 연습이 필요하다.

열네 번째 방법 — 책의 페이지를 보지 않는다.

책의 페이지를 보면서 하는 독서는 몰입도를 떨어 뜨린다.

'300페이지 책인데 나는 지금 50페이지를 읽고 있다. 이거 언제다 읽어……'

이런 생각에 빠지기 쉽다. 페이지를 보는 것은 여러모로 독서에 도움이 되지 않는다. 페이지를 보지 않아야 책에 온전히 몰입할 수 있다. 의식적으로 페이지는 보지 않는 습관을 처음부터 들이자.

열다섯 번째 방법 — 나만의 인생 책을 만들자.

영국 사상가 존 러스킨은 이렇게 말했다. "책은 한번 읽으면 그 구실을 다하는 것이 아니다. 재독하고 애독(愛讀)하여 다시 손에서 떼어놓을 수 없는 애착을 느끼는 데서 그지없는 가치를 발견할 것이다."

여러 책을 읽는 것이 당연히 좋겠지만, 자기만의 애독서를 가지는 것도 좋은 독서법이다. 총각네 야채가게 이영석 대표는 《일본전산 이야기》를 인생 책으로 두고 끊임없이 읽는다고 한다. 수없이 반복해서 읽고 읽으면서도 같은 책에서 계속 느끼고 새로운 것을 배우고 잊은 것을 또 느낀다.

책을 읽다 보면, 정말 나랑 꼭 맞는 책이 생긴다. 그런 책을 만나는 것이 독서의 큰 재미이기도 하다. 나 같은 경우는 여러 권의 인생 책이 있다. 그 책들을 책장에 꽂아 놓고 한 번씩 꺼내 읽는 재미와 읽을 때마다 새롭게 다가오는 의미가 엄청나다. 옆에 있는 것만으로도 든든하다. 그래서 책은 꼭 사서 봐야 한다.

열여섯 번째 방법 재독을 한다.

열다섯 번째 방법과는 다른 이야기다. 인생 책이 아니어도 좋다. 좋은 책은 재독한다. 결론적으로 이야기하자면 재독에서 진짜 독서의 참맛을 느낄 수 있다. 처음 읽을 때와 느낌이 다르고 배우는 것이 다르다. 다른 선배님들에게 이야기를 듣곤 했지만, 막상 재독을 따라서 해보니 '이게 진짜 독서구나'라는 생각이 절로 들었다.

읽었던 책이 정말 좋았는데, 기억이 가물가물할 때 책을 다시 잡는다. 꼭 가물가물하지 않아도 상관없다. 좋은 책은 노란색연필과 상관없이 아예 처음 읽는 책처럼 처음부터 다시 읽는다. 읽은 권수에도 포함시킨다. 독서를 한 기간이 어느 정도 되었다면 재독을 꼭 실천해보길 강력하게 추천한다. 여기에 한 가지 더. 업무를 하거나, 인생을 살다보면 도움이 되는 내용이 생각나기 마련이다. 그럴 때 장르별로 가지런히 정리되어 있는 책 중에서 필요한 책을 꺼내 보는 게 큰 도움이 된다. 이렇게 찾아보는 독서는 완전하게 자신의 것으로 만드는 가장 좋은 방법이다.

열일곱 번째 방법 관심분야의 책부터 읽는다.

어찌 보면 당연한 이야기일 수도 있지만, 관심분야의 책부터 읽는다. 건강이 절실하면 건강에 관한 책을, 영어를 잘하고 싶다면 영어학습 방법서에서 시작한다. 마케팅이 필요하면 마케팅 책을 읽는다. 자신의 동기와 절실함이 독서 습관화의 결정적 계기가 된다. 분야에 따라 다르겠지만, 한 주제에 관한 50~100권의 책을 읽으면 전문가가 될 수 있다고 한다.

절실함이 독서에 빠지는 길이다. 내가 처음에 가장 많이 읽은 책은 마케팅이다. 재미도 있었지만, 내 생계와 직접 관련이 있었다. 어떻게 하면 매출을 올리고, 어떻게 하면 다시 돈을 잘 벌 수 있을까 하는 절실함에서 시작했다. 책이 책에게 꼬리를 물어준다. 책 안에서 추천도서를 찾기도 한다. 도서관이나 서점의 카테고리에 앞에서 관심분야의 책 제목들을 보면 가슴이 뛰곤 한다.

'이 책은 나에게 어떤 답을 줄까?', '내가 몰랐던 어떤 지혜를 줄까?'

그렇게 구해온 책들을 잘 보이는 곳에 두고 있으면, 지금 보고 있는 책을 빨리 읽고 저 책들을 또 읽고 싶은 마음이 생긴다.

'저 책은 나에게 또 다른 현명한 답을 줄 것 같다.'

이런 마음이 반복되면 습관이 된다. 독서 습관이 된다.

열여덟 번째 방법 **독서모임에 참여한다.**

독서모임의 재미에는 여러가지가 있지만 크게 네 가지로 설명할 수 있다. 첫째, 듣는 재미다. 같은 책을 다른 사람의 시각을 통해서 다른 이야기로 들을 수 있다. 때때로 매우 큰 재미가 있고, 늘 소소한 재미가 있다. 둘째, 말하는 재미. 혼자서 책을 읽을 때는 절대 느낄 수 없는 재미이다. 내가 읽은 것을 다른 이에게 말하는 재미. 해봐야 알 수 있는 재미이다. 셋째, 독서 선배들을 바라보면서 자극을 받는 재미이다. 앞서가는 선배들에게 조언도 들을 수 있다. 조언이 아니더라도 선배들의 모습을 보며 나를 돌아보고 새로운 활력을 얻을 수 있다. 넷째, 성장을 느끼는 재미이다. 독서토론을 해가면서 독서력과 생각이 발전해가는 나를 문득 느낄 때 작지 않은 재미를 느낄 수 있다.

열아홉 번째 방법 **우리가 가진 성장의 씨앗**

이 책을 읽고 있는 당신은 아마도 고난을 겪고 있을 사람이다. 절실함을 가지고 있다. 독서를 내 것으로 만들기 위한 첫 번째 관문을 이미 통과한 사람이다. 세 가지 요소 중의 하나를 가지고 있으니 약간의 의지를 더 한다면 '독서'라는 인생의 가장 큰 선물을 내 것으로 만들 수 있다. 조금만 더 노력한다면 재미도 가질 수 있다. 재미까지 느끼게 된다면 독서는 이제 내 것이 된다. 인생의 다른 어디에서도 느낄 수 없는 큰 재미, 새로운 세상을 만나게 된다. 그 새로운 세상은 당신에게 재미뿐만 아니라 성장의 큰 보폭을 선물로 줄 것이다. 독서를 습관으로 만든 나는 이제 늘 재미 있는 독서를 하며 성장을 느낀다. 자존감과 자신감을 회복했다. 이 책을 읽고 있는 당신도 그렇게 할 수 있다. 세 가지 중 하나를 이미 가졌기 때문이다.

실패는 아프다. 친구에게, 가족에게도 말로 다 설명할 수 없을 만큼 아프다. 내 실패를, 내 아픔만큼 똑같이 이해해주고 공감해줄 사람은 없다. 그러나 그런 책은 있다. 많이 있다. 내가 느끼는 실패 이상의 실패. 책을 읽으면서 내가 저자에게 공감하고 동화된다. 내가 저자를 위로하게 되고 저자의 극복과 성공을 통해서 내가 위안을 받는다. 그 속에서 다시 일어설 용기를 얻는다. 한 권 두 권 그렇게 책을 읽어나가다 보면 다시 극복하지 못할 것만 같았던, 상처 투성이였던 내 심장에, 마음속 깊은 곳에 새살이 돋는다. 나도 모르는 사이에 상처가 아물기 시작한다. 그 새살들이 나를 다시 일으켜 세웠다.

이미 한 가지를 가지고 있는 당신에게 곧 당부한다. 재미를 가지게 될 때까지 조금만 더 노력해보라고. 독서모임에 나가서 두 가지 요건을 더 가지고 시작하라고. 적어도 사람에서 받지 못했던 위안을 책으로부터는 받을 수 있다고. 책은 당신을 위로하고 다시 일으켜 세워줄 거라고.

지금 힘든 당신에게
권해주고 싶은 책들

내가 읽은 책 중에서 실패를 겪고 있는 사람들이 먼저 읽었으면 하는 책들을 정리해보았다. '*' 표시가 있는 책은 특히 먼저 읽었으면 하는 책이다. 100% 주관적인 관점에서 실패라는 수렁에 있던 나에게 큰 도움이 되었던 책들이다. 근래까지 읽은 중에서도 도움이 될 책들을 추렸다. 나와 같은 시각으로 볼, 이 책의 독자에게 모두 큰 도움이 될 것이라 생각 하면서 추천을 드린다.

따뜻한 위안을 주는 책

《그러니까 당신도 살아》 오히라 미쓰요 *

《내 영혼을 담은 인생의 사계절》 짐 론

《영혼을 위한 닭고기 수프》 잭 캔필드, 마크 빅터 한센

《연탄길》 이철환

《읽어야 산다》 정회일 *

《지선아 사랑해》 이지선 *

용기를 주는 책

《그릿》 앤젤라 더크워스 *

《내가 글을 쓰는 이유》 이은대 *

《내가 상상하면 현실이 된다》 리처드 브랜슨

《더 딥》 세스 고딘 *

《더 해빙》 이서윤, 홍주연

《독서천재가 된 홍 대리》 정회일 이지성 *

《맥스웰 몰츠 성공의 법칙》 맥스웰 몰츠 *

《미라클 모닝》,《미라클 모닝 밀리어네어》 할 엘로드 **

《심연》 배철현

《시련은 있어도 실패는 없다》 정주영

《왓칭》 김상운

《원씽》 게리 켈러, 제이 파파산 *

《어머니 저는 해냈어요》 김규환

《여덟 단어》 박웅현 **

《회복탄력성》 김주환 *

실행을 도와주는 책

《백만 불짜리 습관》 브라이언 트레이시

《실행이 답이다》 이민규 *

《아주 작은 습관의 힘》 제임스 클리어

《일독일행 독서법》 유근용

《지금 하지 않으면 언제 하겠는가》 팀 페리스 *

《최고의 변화는 어디서 시작되는가》 벤저민 하디

《타이탄의 도구들》 팀 페리스

장사, 사업 경영에 도움이 되는 책

《골목의 전쟁》 김영준

《김미경의 리부트》 김미경

《누가 내 치즈를 옮겼을까》 스펜서 존슨

《오레노 식당》 사카모토 다카시

《육일약국 갑시다》 김성오 *

《장사의 신》 우노 다카시

《협상의 신》 최철규

마케팅에 도움이 되는 책

《결국, 컨셉》 김동욱

《광고천재 이제석》 이제석 *

《노자 마케팅》이용찬

《마케팅 불변의 법칙》알 리스, 잭 트라우트

《보랏빛 소가 온다》세스 고딘 *

《보랏빛 소가 온다 2》세스 고딘

《인문학으로 광고하다》박웅현

《포지셔닝》알 리스, 잭 트라우트

《카피책》정철

《컨테이져스》조나버거

《핑크 펭귄》빌 비숍

경제관념을 만들어주는 책

《보도섀퍼의 돈》보도 섀퍼 *

《부자아빠 가난한 아빠》로버트 기요사키

《부의 추월차선》엠제이 드마코

생각을 할 수 있게 도와주는 책

《관점을 디자인하라》박용후 **

《오피스리스 워커》박용후

《몰입》황농문 *

《몰입의 즐거움》미하이 칙센트미하이

《슬로싱킹》황농문 *

《인문학 습관》 윤소정

《프레임》 최인철

　인생의 바닥에 있을 2015년 무렵 유튜브가 알려지기 시작했다. 힘들 때 많이 보았던 동영상들이 있다. 주로 세바시(세상을 바꾸는 시간, 15분)와 꼴통쇼를 많이 보았다. 성공한 사람들의 이야기를 들으며 용기를 구했다. 특히 꼴통쇼는 어려움을 겪고 일어난 사람들의 이야기가 많이 있어서 힘을 받았다.

　음악을 들으면 위안을 받기도 했다.

〈걱정 말아요 그대〉 – 이적

〈걱정 말아요 그대〉 – 곽진언 & 김필

〈걱정 말아요 그대〉 – 전인권

〈걱정 말아요 그대〉 – 하현우

〈사노라면〉 – 이승환 & 이소라 & 윤도현 & 김장훈 & 리아

chapter6

실패가
스승이다

실패를 통해
나를 배우다

생각 없이 살아왔다. 아버지가 일찍 돌아가시고 나서 철이 일찍 들었지만, 그건 '내 생각'이 아니었다. 생각 없이 공부하고 생각 없이 진학했다. 어머니, 집안 어른들이 좋아하시는 튼튼한 직장에 들어가 책상 하나 차지하고 앉아 꼬박꼬박 월급 받아서 집안을 안정시켜야 하겠다는 '기계적인 움직임'뿐이었다. 직장생활을 몇 년 하다 보니 나라는 사람에 대해서 알게 되었다. 회사가 너무 따분하고 재미가 없었다. 이렇게 살아서는 평생 회사의 부품밖에 안 되겠다 싶었다. 돈 욕심도 생겨났다. 이렇게 평범한 직장인으로 평생 살기는 싫었다. 나도 잘 몰랐던 '나'는 생각을 길게 하기보다 행동을 먼저 하는 사람이었다. 곧 장사의 세계로 뛰어들었다. 길을 지나가다가 가게 앞에 길게 늘어선 줄을 보고는, 저거 하면 장사 잘되겠다고 생각했다. 좋은 목을 찾아서 장사를 하니 잘 됐다. 같은 업종으로 두 번째 가게를 내니 또 잘된다. 다른 사업 아이템을 구상하고

214

자리를 찾다가 좋은 상권에서 길게 늘어선 줄을 봤다.

"저거 하면 잘 되겠다" 전업 두 번째 아이템 역시 시작한 지 얼마 안 되는 프랜차이즈 업종이다. 첫 번째 아이템에서 벌었던 돈까지 모두 긁어모아서, 목 좋은 데로 찾아서 들어갔다. 결과는 내 평범한 인생을 송두리째 앗아가는 큰 실패였다.

'나는 왜 실패했을까?'

장사가 안 되고, 식재료는 썩어간다. 손님은 없고 가게 안에서 몸이 바쁘지 않은 시간만 늘어간다. 처음 장사를 했을 때는 한 번도 경험해보지 못했던 당혹감이었다.

'좋은 아이템이었고, 좋은 목인데 왜 장사가 안 될까?'라는 생각부터 시작했다. 고로케 장사, 곱창 장사까지 연전연패하면서 경제 상황은 최악의 바닥으로 고꾸라져 갔다.

'어떻게 하면 사람들의 이목을 끌 수 있을까?'

'입소문 나게 하려면 어떻게 해야 할까?'

'나에게 요식업이 맞는 사업인가?'

'나에게 맞는 적성은 무엇인가?'

'나는 왜 장사를 시작했나?'

생활이 피폐해지니 생각도 피폐해져 갔다.

'내가 잘하는 것은 무엇인가?'

'내가 잘할 수 있는 게 있긴 한 건가?'

'40여 년을 넘게 살면서 내가 잘하는 게 대체 무엇인가?'

'돈이란 것은 어떻게 버는 건가? 다른 사람들은 대체 돈이란 것을 어떻게 버는 건가?'

실패한 사람에게 가장 그리웠던 것은 평범했던 일상이다. 평범한 행복이다. 《읽어야 산다》 정회일 저자가 한 방송에서 이런 말을 했다.

"당신의 평범한 일상이 누군가에겐 가슴 시리도록 부러운 기적일 수 있습니다."

실패의 아픔을 겪어본 이들에게는 가슴 깊숙하게 와 닿는 말이다. 실패를 겪었기에, 아픔을 겪었기에 되돌아온 평범한 일상들은 너무나도 소중하다. 행복은 멀리 있는 것이 아님을 뼛속 깊이 배웠다.

돈을 못 버는 시간이 길어지다 보니, (나를 제외한) 돈을 벌고 있는 세상 사람들이 신기하게 느껴지기까지 했다. 겪어보지 않은 사람은 이런 느낌이 이해가 되지 않겠지만, 나는 그때의 그 느낌과 생각들이 지금도 생생하다. 고등학교 선배의 회사에 취업하고 첫 월급을 받았을 때는, '나에게도 '돈'이라는 것을 벌 수 있는 능력이 있구나' 하는 얼떨떨한 기분마저 들었다.

책을 읽어가면서 생각을 가다듬어갔다.

'나라는 사람은 누구인가?'

'나는 무엇을 좋아하나? 내 장점은 무엇인가? 적성은 무엇인가?'

'나는 무엇을 잘할 수 있을까?'

'어떻게 하면 행복해질 수 있을까?'

실패를 통해서 생각하는 법을 배웠다. 실패가 생각 속으로 나를 밀어 넣었다. 비로소 나를 돌아보고 나를 찾았다.

위기의 상황에서 아군과 적군이 구분된다고 한다. 실패와 좌절의 상황 속에서 내게 멀어지는 친구가 생겨났다. 아니, 원래 나와 멀었지만 가깝게 느꼈을 터이다. 겪어보기 전에는 한 번도 예상하지 못했던 일이었다. 내가 안정적으로 잘살고 있을 때는 가까워 보이던 사람이었다. 서럽게 느껴졌지만, 누구의 잘못도 아니다. 결국, 문제를 풀어야 하는 사람은 나 자신이다. 아무리 가까운 친구도 내 문제를 해결해 줄 수는 없다. 반대로 인생의 바닥에 있으면서 전보다 더 가까워지는 친구도 있었다. 깊은 마음에서 우러나오는 친구의 따뜻한 말 한마디는, 창피하지만 나 혼자 울컥 눈물을 글썽일 만큼 고마웠다.

사람들은 도움을 요청받으면 의외로 좋아하고 기꺼이 도와주려고 한다. 당연한 이야기지만 인격적으로 훌륭한 사람일수록 성공할 확률이 높고, 결과적으로 성공한 사람일수록 더 잘 도와준다. 책으로 처음 배웠고 독서지향 선배 대표님들을 보며 실제로 느꼈다. 좋은 책들에 나오는 공통적인 내용이기도 하다.

《실행이 답이다》를 보면 도움을 받으려면 '도와주지 않으면 안 될 이유'를 제공해야 한다고 한다. 그것을 만드는 세 가지 방법이 있다. 첫째, 자신이 어떤 노력을 했는지 알려줘야 한다. 자신이 도와줄 가치가 있는 사람이라는 확신을 심어주어야 한다. 둘째, 남다르게 요청해야 한다. 셋째, 보답을 약속하고 피드백을 제공해야 한다.

《보도섀퍼의 돈》에서는 '상담인'이라는 표현으로 멘토의 중요성을 강조한다. 서른 살에 경제적 자유를 얻은 보도섀퍼는 돈에 관한 자신의 지식이 자신을 상담해준 몇몇 '상담인'으로부터 얻은 것임을 강조한다. 멘토의 존재가 무엇보다 필요하고, 멘토의 도움을 구하기 위해 어떻게 해야 하는지도 책에서 자세하게 알려준다.

실패 극복을 하면서 인생의 굴곡을 배웠다. 평범하게 직장에 다녔다면 해보지 못했을 실패와 성공을 모두 맛보았다. 실패를 해보고 생각하는 법을 배우면서, 내가 왜 실패했는지 비로소 알게 되었다. 이제 내 인생에서 더 이상의 실패는 없도록 해야 한다. 그렇게 할 수 있는, 실패의 징조를 알아볼 수 있는 '촉'은 이제 높은 수준으로 올라왔다. 촉이란 원래 지능과 상관없이 오랫동안 몸으로 고생

해야만 얻어지는 것이라고 한다.(《김미경의 리부트》) 하지만 이런 느낌도 자만일 수 있다. 그래서 조심하고 또 조심한다.

그리고 판단의 두 가지 기준이 생겼다. 무언가를 시작할 때 사용하는 나만의 방법이다. 첫째, 다르게 볼 수 있는 나만의 관점을 찾았는가? 둘째, 리마커블하게 할 수 있는가?(베리굿 말고 리마커블) 두 가지 모두 만족하면 더 좋겠지만 하나라도 만족해야 해볼 만하다.

'실패'를 내 스승으로 삼았다.

《미라클 모닝》의 저자인 할 엘로드는 두 번이나 인생의 절망을 경험했다. 한번은 죽음의 절망, 다른 한 번은 나와 비슷한 빚과 우울의 심연이었다. 첫 번째는 교통사고로 인해 물리적으로 죽어갔다. 두 번째는 '정신적, 감정적, 경제적'으로 완전히 바닥을 내려갔다. 첫 번째와 다르게 두 번째 위기 때에는 "나를 딱하게 여기는 사람은 아무도 없었다. 나를 찾는 사람들도, 돌봐주고 회복을 관리해줄 사람도 없었다. 이번에는 철저히 혼자였다……"라고 고백한다.

정확하게 나의 좌절과 똑같은 심정이다. 그러나 그는 또 이렇게 말해준다.

"비교적 짧은 생애에 사람들이 흔히 말하는 '바닥'을 두 번이나 겪은 나는 행운아다. 내가 '행운'이라고 말하는 것은 내 인생의 가장 힘들었던 시기가 내가 늘 원했던 삶을 창조해낼 수 있는 사람이 되도록 성장하고 교훈을 얻은 시기이기 때문이다……. 나의 좌절을 통해 다른 사람들이 한계를 극복하고, 상상 이상을 성취하는 힘을 기르도록 도울 수 있다는 사실이 참 감사하다."

　이은대 작가는 《책쓰기》에서 이런 말을 들려준다.
　"어린 아들에게 종종 짓궂은 장난을 쳤다. 좋아하는 사탕을 손에 쥐고는 펼쳤다 감추었다를 반복했다……. 급기야는 울음을 터트리고 말았다……. 아들을 울리고 싶은 아빠는 없다……. 작은 손 뻗는 행동을 자꾸만 보고 싶었기 때문이었다. 나는 그렇게 어린 아들에게 기적을 만들어주고 싶었다. 신이 있다면, 이런 부모 마음과 같지 않을까. 우리가 만나는 시련과 고통은 신의 사탕일지도 모르겠다. 울면서 떼를 쓸 것인지, 아니면 끝까지 포기하지 않고 손을 뻗을 것인지. 선택은 오직 나의 몫이다……. 조금은 남들과 다른 경험을 한 덕분에 심장이 단단해졌다. 그리고 알게 되었다. 신이 우리에게서 사탕을 빼앗아가는 것은, 내 삶을 뿌리째 뽑아내겠다는 악의가 아니라 그저 손을 뻗어보라는 신호임을."
　별로 대수롭지 않은 실패를 겪은 사람이 이런 글을 썼다면, 나는 아마 짜증을 냈을지도 모르겠다. 이은대 작가가 겪은 일들은 '조금은 남들과 다른 경험' 정도가 아니었다. 사업에 실패하고, 집안 경제는 파탄이 나고 경제사범으로 감옥 생활을 했다. 가진 것이 아무것도 없는 전과자, 파산자, 알콜 중독자가 막노동 생활로 다시 인생을 시작했다. 이런 분이 이야기한다. 인생의 시련은 신이 주시는 기적의 신호라고.

《해리포터》시리즈의 저자 조앤 롤링은 어마어마한 시련과 실패를 겪은 사람이다. 그녀는 하버드 졸업축사에서 이렇게 말했다.

"실패는 삶에 있어서 피할 수 없는 부분입니다. 실패 없이 사는 것은 불가능합니다……. 어두운 터널의 끝이 어디인지, 얼마나 오랫동안 어두운 삶이 계속될지 알 수가 없었습니다. 터널 끝에서 빛을 보게 되는 것은 그저 희망사항일 뿐 현실과는 너무나도 거리가 멀게 느껴졌습니다……. 실패 없이는 진정한 자신도, 진짜 친구도 알 수 없습니다. 이것을 아는 것이 진정한 재능이며, 제가 얻은 그 어떤 자격증보다 가치 있는 소득이었습니다."

인생지사 새옹지마. 무너져 가면서 내가 머릿속에 자꾸 되뇌었던 말이다. 내 잘못이 아니라고 믿고 싶었다. 그리고 지금의 아픔이 곧 기회로 바뀔 거라고 믿고 싶었다.

처음 고깃집을 시작할 때 친구 이진이는 이제 사법고시에 합격하여 변호사 생활을 막 시작하고 있었다. 고등학교 동창인 데다 대학교까지 동기동문이다. 어릴 때부터 꿈이 법조인이었다. 어려운 시험이지만 오래지 않아 합격하고 훌륭한 변호사가 될 것으로 생각했다. 그런데 운이 없어서 유독 사법고시에서 고전하고 있었다. 내가 10년여 간 직장생활을 하고 고깃집을 통해 '대박'을 맛보고 있을 때 이진이의 진짜 인생은 이제 막 시작하고 있었다.

인생을 그래프로 그려보면 고깃집 이후의 이진이와 나와의 상황은 정확하게 크로스 되어가는 모습이었을 것이다. 고깃집에서 나는 성공의 정점에 있었고, 이진이는 이제 바닥을 찍은 순간이었다. 친구를 보면서 '인생지사 새옹지마'를 절실하게 느꼈다. 오래 고생한 만큼, 오래 고민한 만큼 이진이는 현재 성공한 변호사로 살고 있다. 나는 이제 이진이의 상승 그래프를 쫓아가고 있다.

생각 없이 살았던 인생이 실패를 통해서 생각하는 삶으로 바뀌었다. 기계 같은 삶에서 인간다운 삶으로 변화되었다. 기계 같은 삶에서의 실패는 언젠가는 필연적으로 다가왔을 것이다. 그 시기가 그나마 빨리 다가와서 다행이다. 빨리 배우고 느끼고 깨우친 게 다행이다.

실패는 나를 너무나 힘들게 했다. 해서는 안 되는 생각까지도 하게 만들었다. 그런데 돌이켜보니 가장 큰 스승이었다. 실패라는 심연에서 나는 단련되었다. 해병대 출신의 중대장님에게 들었던, 젊은 시절 내가 좋아했던 말이 있다.

"피할 수 없으면 즐겨라."

내가 좋아했던 이 말마저 사치스럽게 느껴질 만큼, 실패는 나를 잔인하게 할퀴었다. 절대로 절대로 즐길 수 없었다.

"힘들 때는 그저 버텨내는 것이 이기는 것이다."

이 말을 되뇌며 버티고 버텼다. 버티고 시련에서 빠져나오고 돌아보니 실패가 가장 큰 스승이었다. 실패를 통해 책을 만나고, 읽고 생각하고, 내게 필요한 인생의 답들을 하나씩 찾아낼 수 있었다. 이제는 그를 두려워하며 내 남은 인생에서 교만과 자만을 가장 경계한다.

실패와 고난을 만난 그대에게 꼭 말해주고 싶다. 인생의 가장 큰 스승이 그대를 성장시켜줄 때까지 그저 버티는 것만 해도 잘하고 있는 것이라고. 잘 버텨내기만 하면 큰 깨달음을 얻을 수 있다고.

실패가
만들어준 기회, 독서

명문대를 나와 좋은 대기업부터 회사를 옮겨 다니며 커리어를 쌓아가고 있는 친구가 있다. 독서지향에 나가기 시작한 지 얼마 되지 않은 시점이었다. 회사에서 카카오톡으로 이런저런 이야기를 하던 중 독서모임에 관한 얘기가 나왔다.

"독서모임에 나갔는데 정말 신기한 곳이야. 책을 읽고 와서 서로 토론하고 발표도 하고……."

평소에도 세상을 삐딱하게 보던 친구가 이렇게 말한다.

"거기 아재들 아줌마들 모여서 책 얘기 좀 하다가 술도 먹고 놀러 가겠지. 책은 무슨……. 진짜로 읽어?"

"그럼 진짜로 읽지 가짜로 읽나?"

"그냥 만나서 친목 도모하는 거겠지. 독서는 무슨……."

한참을 싸움과 같은 토론을 벌였다. 마음이 상했다. 독서와 독서모임을 삐뚤게 바라보는 시각 자체가 이해가 안 되었다.

3년 정도가 흐른 지금 그 친구는 나를 부러워한다. 그 친구에게는 내가 겪은 것 같은, 눈에 뜨이는 실패는 없다. 다만 옮겨가는 회사는 점점 작아지고 급여도 작아졌다. 무엇보다 직장인으로서 회사에서 근무할 수 있는 시간이 많이 남지 않았다고 불안해한다. 눈에 보이는 실패가 없었기 때문에 삶을 변화시킬 수 있는 특별한 계기가 없었다. 많이 벌었지만, 씀씀이가 컸다. 독서를 하지 않았다. 미래를 준비하지 않았다.

"실패하지 않는 것이 가장 큰 실패다"라는 말처럼 실패하지 않고 책을 읽지 않았던 그 친구는 지금 미래를 두려워하고 있다.

짐 론은 《인생의 사계절》에서 이렇게 말해준다.

'내가 아는 거의 모든 성공 스토리는 누군가가 정신적, 경제적으로 바닥에 주저앉은 순간으로부터 시작된다. 이러한 상황에 놓이면 사람들은 너무도 고통스러운 나머지 내면 깊은 곳으로 들어가 자신의 재능, 능력, 욕망, 결의 등 상황이 나아지기를 바라는 모든 이들에게 필요한 기본적인 요소들을 끄집어낸다. 상황은 역경과 마주할 때 변하기 시작하며 그 '상황'은 늘 개인적인 변화가 일어날 경우에 그 결과로써 변하게 된다.'

너무도 고통스러운 나머지 나는 내면 깊은 곳으로 들어가서는 본능적으로 나에게 가능한 모든 요소들을 찾아보았다. 그리고 다행스럽게도 거기서 독서를 만났다. 만약 내가 실패하지 않았다면 책도 읽지 않았을 것이다. 현실에 안주하고 그저 그렇게 생각 없이, 독서 없이 살아갔을 것이다. 인생의 가장 큰 선물인 독서를 몰랐을 수도 있음을 생각하면 끔찍하다.

《지선아 사랑해》의 저자 이지선은 교통사고를 만났다. "사고를 당했다"가 아닌, "사고를 만났다"라고 표현한다. 자신에게는 생일이 두 번이라고 한다. '어머니가 나를 낳아주신 날'과 '사고를 만난 날'이다. 전신에 3도 화상을 입고 40번이 넘는 수술을 받았다. 엄지손가락 한 개를 제외한 9개의 손가락을 한마디씩 다 잘라냈고, 아름다웠던 얼굴을 잃었다. 그런 저자가 "사고를 만났다"라고 표현을 한다. '감사'가 인생을 바꾸었다. 매일 매일 감사한 일들을 찾았다. 사고 이후 처음으로 화장실까지 걸을 수 있었던 것을 감사하고, 환자복의 단추를 스스로 채울 수 있을 때 감사했다. 씻을 수 있는 발이 있어서도 감사했다. 그런 감사들이 쌓이다 보니 '희망'이 보이기 시작했고, 그렇게 사고를 만나기 전보다 더 값지고 고귀한 새로운 인생을 살 수 있었다.

지금이 끝과 같은 절망을 맞고 있는 사람들을 향해 이지선은 이렇게 말한다.

"이게 전부다, 이게 끝이라고 생각하면 절대 희망을 꿈꿀 수 없는 거 같아요. 제가 중환자실에서 그렇게 누워 있을 때 그렇게 그만둬버렸으면 오늘 이 행복을 전혀 누릴 수가 없는 거잖아요. 오늘의 이 절망들이 끝이 아니라고 생각했으면 좋겠어요. 감사하는 하루하루가 쌓여서 지금 여러분이 꿈꾸는 그런 내일을, 그런 희망을 진짜 눈으로 보게 되는 날이 있을 거예요."

생일이 두 번이라고 생각하는 이지선 저자는 만약 "사고 이전으로 돌아갈래?"라는 질문을 100번을 받는다고 해도 "돌아가고 싶지 않다"라는 답을 할 거라고 한다. 사고가 나지 않았더라면 '감사하는 마음, 희망, 새로운 꿈 등' 내가 얻은 삶의 소중한 가치 또한 결코 없었을 것이라고 말한다. 책에서 읽고 영상으로 만나는 지선님의 모습은 성인(聖人)의 모습이다. 이지선 님의 당당하고 행복해 보이는 모습은 내 가슴을 뭉클하게 만들어준다.

인생 전체가 송두리째 뒤바뀐 이지선 저자의 절망과 고통의 크기와 비교할 수는 없겠지만, 큰 실패를 겪은 나의 대답 또한 같다. 사업 실패의 이전으로 돌아갈 수 있는 선택지가 있다고 하더라도 나 역시 돌아가지 않을 것이다. 실패와 고통 속에서 많은 깨달음을 얻었고, 독서라는 인생의 선물을 만났기 때문이다. 무엇보다 일상의 소중함을 아는 것이 가장 큰 행복이고 축복이다.

《미라클 모닝》과 같은 좋은 책을 만나지 않았다면 지금 나의 성장은 없다. 인생의 실패가 없었다면 만나기 쉽지 않았을 것이다.

혹여 만났더라도 지금의 내가 느끼는 《미라클 모닝》에서 느끼는 감정, 배움과는 큰 차이가 있었을 것을 너무도 잘 알고 있다. 그저 '좋은 책이구나'라고 읽는 것과 뼈에 사무치게 느끼고 배우는 책에는 하늘과 땅만큼의 큰 차이가 있다.

다산 정약용은 《유배지에서 보낸 편지》에서 독서를 강조하는 말을 자식들에게 이렇게 전했다.

"이제 너희들은 망한 집안의 자손이다……. 망한 집안을 살리는 방법은 오직 독서하는 것 한 가지밖에 없다. 너희야말로 참으로 독서할 때를 만난 것이다. 가문이 망해버린 것 때문에 오히려 더 좋은 처지가 되었다는 게 바로 이런 것 아니겠느냐."

부모로서 다산 정약용이 자식들에게 해주고 싶은 말들이 얼마나 많았겠느냐마는, 부모의 사랑으로 꼽은 중요한 한 가지 방법이 바로 '독서'였다. 정약용이 자식에게 전했던 '독서'는 부모의 사랑이었다.

정규 대학교 교육을 받지 못한 고(故) 김대중 대통령은 '독서의 달인', '독서왕'이라고 불린다. 학력 콤플렉스로 인해서 더욱 독서를 가까이 했다고 한다. 4년여의 수감 생활 동안 철학, 신학, 정치, 경제, 역사, 문학 등 다방면의 책을 하루 10시간씩 읽었다. 수감 생활 동안 2천 권에서 3천 권 정도의 책을 읽은 것으로 추정한다. 자서전을 통해서 4년여의 감옥 생활이 스스로 다시 없는 교육의 과정이었다고 밝힌다. 정신적 충만과 향상의 기쁨을 얻는 지적 행복의 나날이었다. 번잡한 세상과 단절한 채 오로지 독서만 할 수 있었던 그 시절을 동경한다는 말을 자주 하기도 했다.

손정의 회장은 소프트뱅크 창업 2년 후 인생 최대의 위기를 맞는다. 중증 만성 간염으로 병원에 입원해야 했다. 병실에 입원한 그는 밤이 되면 혼자 울곤 했다. 태어난 지 이제 1년 6개월 된 딸과 성공궤도에 오른 회사를 두고 죽을 수도 있는 자신의 처지가 너무나 절망스러웠기 때문이다. 결과적으로 3년의 병원 생활을 하게 되는 동안 손정의는 책에 미쳐 살았다.

"책보다 더 나은 위안도 없었고, 책 말고는 다른 대안이 없었다. 병원에서 보내는 하루하루가 아까웠지만, 책으로 보상받겠다고 결심했다."

3년 동안 4천 권의 책을 읽었고, 의식과 사고 수준이 비약적으로 도약했다. 그의 말처럼 3년의 집중독서는 자신의 평생을 보장하는 튼튼한 토대가 되었다.

《리딩으로 리드하라》를 보면 '독서'가 얼마나 훌륭한 교육 수단인지 잘 나온다. 어릴 때부터 인문고전을 읽게 하는 것이야말로 가장 훌륭한 엘리트 교육 수단이다. 시카고 대학교에서 많은 노벨상 수상자가 나오는 것 또한 독서교육에 기인한다. 망해버린 곱창집에서 책을 읽으면서 이런 생각을 하기도 했다. '내가 빨리 많은 책을 다독하고 천재가 되어서 사업을 다시 일으켜 세워야겠다.' 천재가 되는 꿈을 아직 이루지는 못했지만, 나는 책을 통해서 위기를 극복하고 다시 행복을 찾을 수 있었다.

힘든 시절에 횡단보도에 서서 이런 생각을 했었다.

'그냥 차에 치여서 보험료라도 받을 수 있으면 좋겠다.'

요즘은 이런 생각을 한다.

'안식년을 만들어서 독서만 해보고 싶다. 1년, 아니 몇 개 월 만이라도 책 속에 파묻혀 살 수 있으면 얼마나 좋을까?'

《가슴 뛰는 삶》을 보면 사람의 성장에는 임계점이 있다고 한다. 독서에도 임계점이 있을까? 내가 경험한 바로는 임계점이 있다. 처음은 독서를 습관으로 만드는 임계점. 두 번째는 독서가 재미 있어지는 임계점. 세 번째는 읽었던 책들이 서로 연결되는 임계점이다. 네 번째는 아직 내가 경험하지 못했지만 아마도 머리가 트이는 임계점이 아닐까 한다.

나의 첫 번째 임계점은 어렵지 않았다. 한 달여 만에 이룬 거 같다. 두 번째도 어렵지 않았다. 절실함이 있었기 때문이다. 책의 내용이 연결되는 임계점은 이제 조금씩 느끼고 있다.

손정의 회장처럼 수천 권의 책을 읽으며 느꼈던 머리가 트이는 경험을 해보고 싶다. 네 번째 임계점을 돌파하고 비약적으로 성장해 있을 나의 모습을 상상하며 가슴이 두근거린다.

독서가 필요하다는 것은 누구나 다 안다. 독서가 습관화되면 재미있게 성장하는 새로운 인생이 펼쳐진다. 당신에게 정말 좋은 선물을 드리고 싶다. 이미 지금 당신이 가지고 있는 것이다. 지금 이책을 읽고 있는 당신은 이미 독서를 할 수 있는 가장 소중한 요건을 가지고 있다. 바로 '절실함'이다.

지금 힘들다는 건 독서를 할 수 있는 가장 좋은 기회이다. 절실함을 꼭 살려야 한다. 절실함이 별 성과 없이 대충 흘러가게 놔둬서는 안 된다. 그러기에는 당신의 고통이 너무 아깝다고 생각해야한다. 독서를 습관으로 만드는 중요한 씨앗으로서의 절실함을 반드시 반드시 '활용'해야 한다.

다산 정약용이 사랑하는 자식들에게 자신의 마음을 꾹꾹 눌러담아 독서를 추천했던 마음을 떠올려봐야 한다. 절망과 고통 속에서 힘들어할 실패 후배님 들에게 내가 건네고 싶은 깊은 마음속의 말이 바로 그것이다.

실행이 답이다

실행을 하려면 절실함이 있어야 한다고 한다. 맞는 말이다. 배우 이준기 씨는 200번이 넘는 오디션에 실패했다. 배우 김명민 씨는 실패로 점철된 배우의 길이 너무 힘들어서 꿈을 접고 뉴질랜드 이민을 준비하던 중 드라마 〈이순신〉 캐스팅 전화를 받았다. 마지막 기회라는 절박함으로 캐스팅 논란을 보란 듯이 뒤엎고 연기력으로 실력을 입증했다. 가수 '비'는 오디션에서 18번 연속 실패했다. 한 인터뷰에서 이렇게 말했다.

"당시 나는 벼랑 끝에 서 있었고 더 이상 밀려날 곳이 없었다. 어머니의 병원비는 밀렸는데 차비조차 없고, 돌봐주어야 할 여동생까지 있었기 때문에 무엇이든 하지 않으면 안 되는 상황이었다 ……. 여기서 떨어진다면 더 이상 갈 곳이 없다는 절박감에, 오디션을 보는데 한 번도 쉬지 않고 총 다섯 시간을 내리 춤췄다. 그렇게 해서 오디션에 합격했다."

'왜 해야 하는지' 그 절실한 이유가 있다면 그에 대한 선택은 실행뿐이다. 어떤 일이라도 절실함을 가지고 절박함으로 노력한다면 실행이라는 성취에 남들보다 한 걸음 더 다가가는 훌륭한 무기가 될 수 있다. 하지만, 여기에 더해서 실천하고 습관화를 만들 수 있는 좋은 방법들이 있다면 실행은 한층 쉬워질 것이다.

절망의 바다에 빠져 있었다. 극심한 우울감으로 견뎌내기 어려운 날들이었다. 언제 끝날지 기약 없는 날들……. 무언가 방법을 찾아야 했고, 뭐라도 해야 했다. 신앙심이 부족했지만, 다시 종교 활동을 재개하기도 하고 기도도 했다. 그러다가 책을 만났다. 말 그대로 지푸라기라도 잡는 심정으로 읽어나갔다. 운이 좋았다. 방법을 몰랐던 것에 비하면 정말 운이 좋았다. 나중에 독서지향에서 실천에 관한 책을 추천받았다. 심리학자 이민규 저자의《실행이 답이다》. 내가 이 책을 더 빨리 만났더라면, 좋은 습관들을 만들어서 더 빨리 안정을 찾을 수 있었을 것이라는 생각이 든다. 심리학의 시각에서 인간을 이해하고, 이를 바탕으로 실천을 도와주는 방법들을 알려준다. 책의 모든 내용이 유익했지만, 절망에 빠져 있었던 나에게 특히 도움이 되었던 부분을 추려서 소개한다.

'공개선언 효과'라는 것이 있다. 사람들은 말이나 글로 자신의 생각을 공개하면 그 생각을 끝까지 고수하려는 경향이 있다. 이를 '공개선언 효과'라고 한다. 공개선언을 함으로써 '말'이 우리의 행동을 유도하고 결정하게 만든다. '나는 책을 좋아해'라는 말을 반복하다 보면 은연중에 스스로 책을 좋아하는 사람이라고 판단하게 된다. 자신이 책을 좋아하는 사람이라는 자아 정체감(Identity)을 갖게 되면 책을 열심히 읽게 된다. 사람들은 자신의 말과 행동을 통해 자신의 태도를 판단하게 되고 태도는 행동을 결정한다. 그래서 말을 바꾸면 행동이 달라지게 된다.

실천이 어려워 중도에 포기하고 싶어질 때 나의 결심을 알고 있는 동료와 가족들로부터 도움을 받을 수 있다. 독서모임에 참여하여 '나는 책을 좋아하는 사람이고, 앞으로 모임 참여를 열심히 하겠다'라고 선언한다면? 그 결과는 쉽게 유추할 수 있다.

"삶에서 가장 파괴적인 단어는 '나중'이고, 인생에서 가장 생산적인 단어는 '지금'이다. 힘들고 불행하게 사는 사람들은 내일 하겠다고 말하는 반면에, 성공하고 행복한 사람들은 지금 한다고 말한다. 그러므로 '내일'과 '나중'은 패자들의 단어이고 '오늘'과 '지금'은 승자들의 단어이다."

실행이 잘 안될 때 이 말을 생각하곤 한다. 하려면 '지금' 해야 한다. '지금'이 승자의 단어이다. 해야 할 일이 있을 때도 가능하면 바로 해버린다. 바로 해야 마음이 편해지는 이유도 있지만, 길지 않은 나의 기억력을 믿지 못하기 때문이기도 하다. 바로 할 수 없다면 메모를 한다.

'작동 흥분이론'이라는 용어가 있다. "우리의 몸과 마음은 일단 발동이 걸리면 자동으로 작동되는 기계처럼 하기 싫던 일도 일단 하다 보면 그것이 계기가 되어 계속하게 된다"는 이론이다. 저자는 이렇게 말한다. "사실은 의욕이 없어서 시작을 못 하는 게 아니라 시작을 하지 않기 때문에 의욕이 생기지 않는 것이다."

몰입(Flow)과도 일맥상통하는 의미이다. 몰입에 들어가기 전까지의 과정을 거치고 나서 몰입에 빠지게 되면 거기서 재미를 느끼게 된다. 이민규 저자가 말하는 '의욕'이 미하이 칙센트 미하이 교수가 말하는 '몰입의 즐거움'이다. 공부에 대한 몰입, 일에 대한 몰입, 독서에 대한 몰입, 운동에 대한 몰입 모두 비슷하다. 글을 쓰는 행위도 마찬가지이다. 책상 컴퓨터 앞에 앉는 과정이 힘이 든다. 하지만 이내 작업을 시작하고 몰입하게 되면 어느 순간 재미를 느끼게 된다.

관찰하고 기록하면 실천하게 된다. 이 부분을 읽고 나서 엑셀로 파일명 'Manage'라는 생활기록표를 만들었다. 팔굽혀펴기, 유산소운동, 아침에 일찍 일어나기, 간헐적 단식하기……. 제목 줄에는 매일 해야 할 일들을 적었고 세로칸에는 날짜를 적었다. 매일 아침 출근해서 컴퓨터를 켜고 제일 먼저 하는 일이다. 실행하면 1을 적는다. 유산소운동은 1과 운동시간을 같이 적는다. 1을 기록할 때 뿌듯함, 성취감, 재미가 있다. 0을 기록하면서 반성하게 된다. 일주일 단위로 합계를 자동계산한다. 내가 한 주 동안 몇 번의 운동을 했고 평균 몇 분을 했는지 한눈에 알 수 있다. 나 스스로를 위해 운동하고 관리하게 되었다. 아침 기상과 운동을 쉽게 습관으로 만들 수 있었다. 성취감이 있고 재미가 있다. 스스로 동기 부여가 된다. 한 주 동안 또 열심히 실천했구나 하고 나를 칭찬하고 자존감이 올라가게 된다. 장기간 기록된 자료를 보며 자신감이 생겼다. 나 자신을 이겨냈다는 승자의 자신감이다. 우유를 잘 먹지 않는 아들 상우를 위해서 엑셀로 표를 만들어서 종이로 만들어서 체크하게 했다. 아들에게도 성과는 좋았다. 내가 해본 방법 중 최고의 성과를 만들어준 실천법이다. 얼마 전부터는 감사일기를 엑셀에다 함께 작성하고 있다. 함께 작성하는 가장 큰 장점은 나를 위해 루틴하게 해야 할 일들을 잊지 않고 한눈에 체크할 수 있다는 점이다.

'책상정리는 공부하려고 하는 걸까, 공부하기 싫어서 하는 걸까?' 이민규 저자는 묻는다. 중요하지만 하기 싫은 일(높은 수준의 강도가 필요한 일)이 있을 때 단순한 일(낮은 수준의 생각을 요구하는 일)을 함으로써 스트레스를 회피하려는 경향이 있는데 이를 '낮은 수준의 생각 전략'이라고 한다. 중요하지 않은 일을 하는 '바쁨'에 빠지지 않기 위해 주의해야 한다.

장사는 안 되고 마음은 우울감에 빠져 있었다. 손님이 없어서 할 일도 많지 않다. 생각을 해야 하는 데 힘들었다. 그럴 때 몸을 바쁘게 움직였다. 순간순간 바쁨이 위안이 되었다. 시간이 지나면서 마음이 점점 더 불안해진다. 바쁘게 열심히 사는데 왜 점점 더 불안하고 공허해질까? 책을 읽고 깨달았다. '낮은 수준의 생각 전략'에 빠져 있었다. 열심히 하는 것 같지만 마음은 점점 더 공허해진다. 마음속 깊은 곳에서는 내 스스로가 회피하고 있다는 것을 알고 있기 때문이다. 효율과 효과를 구분해야 하는 것도 같은 맥락이다.

지금 하기 싫고 힘들어 보이는 일들이 내가 한 단계 성장하고 난 이후에, 몰입의 느낌을 알고 난 이후에는 재미 있게 느껴질 때가 온다. 운동이 재미 있고 독서가 재미 있어진다. 낯설고 힘들었던 '일'이 '몰입'의 재미를 느끼게 해준다.

실행이 답이다. 무엇이든 그렇다. 당연한 이야기지만, 실패 속에 있는 이들에겐 실행이 더 중요하다. 절실함이 있기에 실행에 더 가까이 다가가 있다. 이 점을 꼭 살려야 한다. 나의 절실함을 비기(祕器)로 삼아야 한다.

실패를 한 나에게 두 가지 감정이 남아 있었다. 좌절감과 절실함. 실패가 주는 중압감으로 인해 절실함보다는 멘붕(멘탈붕괴)의 압박이 더 심하게 다가왔다. 이것을 이겨내고 나의 무기인 절실함을 살려야 한다. 어떻게 이겨내야 할까? 책을 읽으면 된다. 책으로 위안 받아야 한다. 나보다 더한 실패기, 좌절과 고통을 읽으면 위안받고 치유 받을 수 있다. 그렇게 절망에서는 벗어나고, 절실함을 살려야 한다. 실행해야 한다. 본격적으로 독서하고, 운동하고, 자존감을 살리고 자신감을 살려야 한다. 그 첫걸음은 실행이고 독서이다. 독서의 실행이다.

'나는 실패의 상처가 너무 큰데 이 마음을 추스를 수 있을까요?'

'경제적인 실패가 너무 커서 복구가 어려울 거 같습니다.'

'정말 책을 읽는다고 도움이 될까요?'

이렇게 생각할 수 있다. 나도 그랬다. 책 속의 수많은 위인, 저자들도 다 그랬다. 희망이 없어 보였다. 별로 살고 싶지 않았다. 노력으로 나아지지 않을 거 같았고 의미도 없을 거 같았다. 그런데 책을 읽고 치유를 받기 시작하니 조금씩 조금씩 다르게 보였다. 안 보이던 것들이 보이기 시작했다.

지금 당신에게 필요한 답은 이거다. 실행이 답이다. 독서를 실행해야 한다.

절망과 좌절감을 치유 받고 바닥에 있는 자존감을 살리면 절실함만 남는다. 그렇게 조금씩 절망을 극복할 수 있다면 절실함으로 인해 한 단계 높은 차원의 실행으로 점점 나아갈 수 있게 된다. 그렇게 한 발짝 한 발짝 걸어가게 된다. 걸어가다 보면 내가 가진 가장 큰 무기인 절실함이 나에게는 다시 없을 것만 같았던 희망을 만들어준다.

실패 총량의 법칙

다른 사람들보다 조금 더 빠르게 많은 실패를 겪었다. 아버지를 일찍 여의고 어려운 환경에서 자랐다. 학력고사와 수능을 합해서 총 6번 대입 시험을 봤다. 7번 연속 사업 실패를 겪었다. '더 이상 사는 게 무슨 의미가 있냐'는 생각에까지 이르기도 했다. 실패들을 겪어내고, 책을 읽다 보니 한 가지 결론에 다다랐다. 한 사람이 겪어내는 인생에서 실패의 총량은 정해져 있는 것이 아닐까? 내가 느끼는 고통의 크기가 세상에서 가장 큰 것처럼 느껴지지만, 결국은 다 거기서 거기가 아닐까? 실패의 골이 깊은 만큼 배움도 깊고 거기서 얻어지는 성공의 크기가 실패의 골을 상쇄하는 것이 아닐까?

제프 헤이든의 《스몰빅》에 이런 글이 나온다.

"제가 지금껏 들어본 가장 훌륭한 말은 성공의 수준을 높이고 싶으면 실패의 수준을 높이라는 말입니다."

《읽어야 산다》에서 정회일 저자는 이렇게 말한다.

"내가 겪은 고통은 비록 과정이 힘들었지만, 무엇과도 바꿀 수 없는 값진 경험이었다. 그 시간을 지나왔기에 소소한 일상에도 눈물겹게 감사할 수 있었으니 말이다. 내게 고통은 밝고 더 높은 곳으로 올라서라는 신의 선물이었을지 모르겠다는 생각을 그때 처음 해보았다."

《미라클 모닝》에는 이런 글이 있다.

"기적은 절망으로부터 온다."

"인생의 커다란 변화를 만들고 싶다면, 당신에게 필요한 건 영감, 혹은 절망이다."

자신이 만든 회사에서 해고되는 좌절을 맛보았던 스티브잡스는 이렇게 말했다.

"내가 애플에서 해고되지 않았더라면 애플을 부활시킬 수 없었을 것이다."

작지 않은 나이에 운영하던 회사가 망했다. 가진 거 없이 모든 걸 새롭게 다시 시작해서 관점 디자이너로 일어선 박용후 저자는 말한다.

"인생은 넘어졌을 때가 아니라, 일어서는 것을 포기했을 때 실패하는 것이다."

실패의 총량은 일정하다. 다만 그것을 어떻게 받아들이냐에 따라 인생이 달라진다. 나는 그렇게 믿는다. 평생 직장생활을 하며 순탄하게 사는 이들은 실패가 없을까? 선택하지 않은 다른 것을 잃어버리는 것을 경제학에서는 '기회비용'이라고 한다. 인생은 짧다. 선택하지 않는 사람들에게는 기회비용이 있다. 그것도 잃는 것이고 실패다. 내가 해야 하고, 하고 싶은 일들을 하지 않고 다른 길을 가면서 겪는 시간들을 잃는 것이다. 겉으로 성공한 것처럼 보이는 이의 삶에도 다 실패가 있다. 표면적으로 온전해 보이지만 나름의 아픔과 실패가 있다. 부모와의 갈등, 아이들로부터 받는 고통, 나 또는 가족의 병고로 인해 겪는 고통, 적성에 맞지 않는 일을 하는 고통, 잘못된 선택으로 인한 후회 등등…. 이런 아픔들을 다 헤아려 보면 결국 동시대 같은 나라에서 사는 인간이 겪는 실패와 아픔은 다 비슷비슷하다. 이것을 나는 '실패 총량의 법칙'이라 한다.

《해리포터》의 작가 조앤 롤링은 남편의 폭력과 결별하고 이혼한 후에 10만 원 남짓한 정부 생활 보조금을 받으며 우울증과 자살 충동에 시달렸지만 결국 이겨내고 해리포터를 만들어낸다. 2008년 하버드대학교 졸업식 축사에서 그녀는 이렇게 말했다.

"실패를 겪고 나서 더 강인하고 현명해지면 앞으로 어떤 일이 있어도 살아남을 수 있다는 자신감을 갖게 됩니다……. 여러분은 제가 겪은 정도로 엄청난 실패를 겪게 되지 않을지도 모릅니다. 그러나 살다 보면 누구나 실패하기 마련입니다. 극도로 몸을 사리고 조심하면 실패를 면할지도 모르지만 그렇게 사는 것은 삶이 아닙니다. 실패가 두려워 아무 시도도 하지 않는다면 실패한 것이 없어도 삶 자체가 실패입니다."

배철연 님은 《심연》에서 실패를 이렇게 설명한다.

"어두운 숲속에서는 누구나 길을 잃을 수밖에 없다. 그래서 사람들은 그 실패가 두려워 아예 숲속으로 들어가려는 시도조차 하지 않는다. 그러나 아무것도 시도하지 않는 것, 그것은 인생의 더 큰 실패다. 훗날 숲속으로의 여행을 감행하지 않은 자신을 후회하게 될 뿐이다."

고통의 차이는 실패와 아픔을 언제 어떤 강도로 겪느냐에서 비롯된다. 그것을 어떻게 극복하고 이겨내느냐의 문제이다. 겪어내는 실패를 어떻게 받아들이고 극복하느냐에 따라 그 사람의 인생이 달라진다. 가진 게 가난밖에 없었던, 한글도 몰랐던 김규환 명장은 열정과 의지로 국회의원이 되었다. 화상으로 수많은 육체적 정신적 고통을 겪어내야 했던 이지선은 지금 세상에서 가장 행복한 사람이 되었다. 사업의 실패로 17억의 빚을 지고 있었던 백종원은 재기에 성공하여 수백억 원의 자산가가 되었다.

《나는 사업이 가장 쉬웠어요》의 저자 최인규 씨는 노숙자에서, 연 매출 100억 기업의 CEO가 되었다.

《파리에서 도시락을 파는 여자》의 저자인 켈리 최는 마흔이 넘은 나이에 10억 원의 빚더미에서 벗어서 7년 만에 연 매출 5천억 원 글로벌 기업의 CEO가 되었다. 그녀는 저자특강에서 이렇게 말했다.

"실패하지 않는 것이 가장 큰 실패다."

"Fail often. Fail Quick. Fail Cheap."

영화 〈포레스트 검프〉에서 주인공 검프(톰 행크스)는 이렇게 말한다.

"My mom always said life was like a box of chocolates. You never know what you're gonna get."

여러 종류의 초콜릿이 들어있는 초콜릿 상자. 초콜릿 상자를 받은 어린아이는 이런 속성을 잘 모르겠지만, 하나씩 직접 먹어보기 전에는 그 맛을 알 수 없다. 초콜릿 중에는 단것도 있고, 쓴것도 있고 술이 들어 있는 것도 있다. 어떤 것을 먹느냐 순서만 다를 뿐이다. 쓰디쓴 초콜릿을 먼저 먹었다고 해서 다른 초콜릿이 다 그럴 것이라고 지레 겁을 먹고 나머지를 버리는 우를 범해서는 안 된다. 나머지 초콜릿은 먹어봐야 그 맛을 알 수 있다. 먼저 먹어본 쓰디쓴 초콜릿으로 인생 전체를 판단해서는 안 된다는 말이다. 이것이 내가 말하는 '실패 총량의 법칙'이다.

실패와 고통은 약이다. 삶을 포기할 생각까지 하게 할 만큼 쓰게 느껴질지라도 약이다. 겪어낸 고통보다 더 큰 절실함과 배움과 행복을 얻을 수 있는 약이다.

실패 이후의 삶에서 더 이상의 실패가 없더라도 그 사람의 모든 인생이 다 실패로 보이는 경우도 있다. 앞의 실패가 너무 커서 온 인생을 지배하기 때문이다. 실패로 인해 마음을 추스르지 못했고, 실패 이후의 성공확률을 활용하지 못했기 때문이다.

지금 가지고 있는 여건으로만 보는 확률로는 재기가 불가능해 보인다. 나도 그랬고, 책 속의 주인공들도 그랬다. 물리적으로 보이는 나의 처지와 재기의 가능성이 다가 아니다. 실패를 극복한 많은 사람들의 이야기를 결코 현재의 여건으로 설명할 수 없다. 누군가는 이를 기적이라고 한다. 나는 그렇게 생각하지 않는다. 이미 많이 소진해버린 실패의 총량이 있었고, 반대로 이들의 절실함이 많이 남아 있던 성공을 당겼다. 앞으로 남아 있는 당신의 인생에는 성공의 가능성이 더 크게 남아 있다. 이것이 '실패총량의 법칙'의 확률 계산법이다. 아들이 손을 뻗으면 사라졌던 사탕이 다시 나타나는 '작은 기적'을 보여주고 싶었던 아빠의 마음처럼, 모든 것을 한 번에 다 주지 않고 손을 뻗는 모습을 보고 싶은 신의 마음도 비슷한 것이 아닐까?

독서를 통해서 본 많은 인생들을 통해서도, 50여 년의 생을 살아가며 보아온 주변의 인생들을 통해서도 내가 내린 결론은 '실패총량의 법칙'이다. 사람의 실패에는 정해진 총량이 있다. 먼저 오느냐 나중에 오느냐, 눈에 잘 보이는 실패냐 안 보이는 실패냐의 차이일 뿐이다.

박웅현 저자는 《여덟 단어》에서 모든 인생이 '전인미답(前人未踏)'이라 했다. 모든 인생은 전인미답이다. 실패의 총량은 정해져 있

244

되, 그걸 극복하고 일어설 것인지 실패에 묻히는 사람이 될지는 자신의 몫이다. 어느 길로 들어설지의 그 열쇠는 자신이 들고 있다.

내가 겪고 있는 실패는 너무 커 보인다. 나는 열심히, 정말 열심히 살았는데 내가 맞닥뜨린 고통은 너무나도 가혹하게 크게 느껴진다. 하지만 실패의 총량은 정해져 있다. 이 말은 지금의 실패가 클수록, 앞으로의 일들은 잘 될 것이란 말이다. 사람이란 간사하고 너무 얕은 존재여서, 지금의 실패가 평생 계속될 것만 같게 느껴지지만 사실은 정반대라는 말이다. 지금의 절실함을 당신의 의지로 승화시킨다면, 실패를 쓰디쓴 약으로 삼을 수만 있다면, 다시 맨주먹으로 시작해야 할 당신의 남은 인생에는, 지금껏 성공해온 인생들보다 훨씬 더 높은 확률로서의 성공이 남아 있다.

지금 실패와 마주한 당신에게

봉사단체에 매월 기부를 하고 있다. 밥퍼 봉사활동에 참여하고 있다. 실천하지 않는 독서는 진짜 독서가 아니라는 멘토님의 말씀을 따라 실행에 옮겨가고 있다. 불과 5년 전쯤의 나로서는 감히 상상조차 할 수 없는 일들이었다.

나는 다른 독서가들에 비하면 많은 책을 읽은 것도 아니고, 큰 성공을 한 사람도 아니다. 어떤 이들처럼 신체를 잃은 것도 아니고 장애를 겪은 것도 아니다. 노숙자가 될 만큼의 커다란 실패를 겪은 것도 아니다. 그럼에도 불구하고 내가 이 책을 꼭 쓰고 싶었던 이유는, 독서가 실패와 고통을 극복하고 치유하는 가장 확실한 방법이라는 확고한 신념이 있기 때문이다. 지금 힘들어 죽겠는데 무슨 책까지 읽으라고 하냐고 짧은 생각을 할 수도 있다. 그런 생각이 드는 사람일수록 책을 꼭 읽어야 한다. 실패의 고통을 뼈저리게 겪어본 내가 가장 확실하게 말해줄 수 있는 방법이다. 일반적이고 평균적인 사람이 할 수 있는 가장 현실적이고 빠른 실패의 치유법이다. 나 스스로 겪어내고 버텨내고 이겨냈기에 확고하게 이야기할 수 있다. 경험 없는 사람이 툭 던지는 뻔한 이야기가 아니다.

실패와 아픔으로 인생의 밑바닥에서 헤매어 보면서 느낀 나의 감정과 경험들이 지금 비슷한 상황에 있는 사람들에게 구체적이고 실질적인 위안과 희망을 줄 수 있다고 생각했다. 책을 써 내려 가면서 과거를 떠올리며 부끄럽게도, 울기도 하고 미소 짓기도 했다. 이 책을 읽는 이들이 내가 많은 책을 읽어나가며 받았던 위안과 위로를 짧게나마 빠르게 받았으면 좋겠다. 지금의 위기를 극복하는 계기가 반드시 반드시, 반드시 되어주기를 기원하는 마음으로 이 책을 써 내려갔다.

책을 보다 쉽게 쓸 수도 있을 거 같았다. 하지만 그럴 수 없었다. 보다 구체적이고 직접적인 방향을 빠르게 알려주고 싶었다. 실패를 겪고 이 책을 읽는 독자는 과거의 내 모습이다. 과거의 내가 접했다면 큰 위안과 희망의 길을 바로 찾을 수 있을 것 같은 책, 그런 책을 만들고 싶었다. 그래서 이 책은 내 미천한 지식보다는 마음으로 써 내려갔다는 말이 맞을 것이다. 정성을 다해서, 아픔을 겪고 있는 내 선배 후배, 친구들, 그리고 과거의 나에게 해주고 싶은 말들을 적어 내려갔다.

동시대 같은 곳, 대한민국이라는 같은 나라에서 실패로 아픔을 겪고 있는 이들에게 자존감의 상실, 좌절감을 보듬어주고 따뜻한 위안을 주고 싶었다. 이 실패와 좌절이 당신의 잘못만은 아니라고 꼭 말해주고 싶었다. 그리고 내가 이겨냈듯이 당신도 충분히 이겨 낼 수 있다는 희망을 함께 나누고 싶다.

이 책을 마무리하면서 다시 한번 세 가지를 강조해서 말씀드리고 싶다.

첫째, 실패 총량의 법칙이다.

어느 회사를 가던 지랄 같은 사람의 비율은 똑같다고 하는 '지랄 총량의 법칙'이 있다. 이와 마찬가지로 한 사람이 인생에서 맞게 되는 실패에는 총량이 있다.

내 실패와 절망은 너무 잔인하게 느껴진다. 끝이 안보이고 영원 할 것만 같다. 나도 그랬다. 그러나 돌이켜보니 실패에는 총량이 있었다. 실패 총량의 법칙을 믿거나 안 믿는 것은 본인의 선택이 다. 그러나 분명한 것이 있다. 이 법칙을 믿는 사람은 실패에 대해

의연하게 대처할 수 있다. 그러지 않은 사람은 실패에 끌려가게 된다. 실패를 힘들게 겪어낸 당신과 나의 삶에는 이제 꽃길만이 남아 있다. 지금의 '골'은 극복 이후의 '산'으로 보답받는다.

둘째, 위안을 주는 독서의 힘이다.

힘든 사람이 가장 큰 위로를 받을 수 있는 길은 독서이다. 독서는 당신에게 가장 구체적이고 실질적인 위안과 실천 방법을 준다.

셋째, 실행이 답이다.

실패를 겪은 당신에게는 강력한 힘이 있다. 절실함이다. 실패의 총량은 정해져 있다. 이제 당신에게는 절실함이라는 강력한 비기(祕器)가 있다. 실패와 바꾼 가장 강력한 무기이다. 그 무기를 살려야 한다. 그 무기로 실행해야 한다. 한걸음이 두 걸음이 되고, 걸음들이 모여 다시 예전의 평범했던 모습으로 돌아갈 수 있다. 더 큰 성공으로 나아갈 수 있다. 실행이 답이다.

이 책의 가장 큰 독자층은 아마도 지금 힘들어 하고 있을 사람일 것이다. 지금 고난을 겪고 있거나 이미 실패를 맛보고 절망의 밑바닥에서 힘들어하는 당신.

힘들 때, 많이 힘들 때 이 책을 열어 목차를 보고, 읽고 싶은 부분을 열었을 때, 그것도 귀찮으면 책을 아무렇게나 그냥 열어보았을 때, 어느 부분을 읽어도 그냥 거기서 위안을 받을 수 있으면 좋겠다.

'아, 이런 고난도 있을 수 있겠구나. 장사로 이렇게 한순간에 인생이 망가질 수도 있구나. 열심히 살아도 이렇게 안 될 수도 있겠네.'

'나만 힘든 건 아니네. 안 될 땐 모든 일이 한 번에 다 안 될 수도 있는 거네.'

'그래도 이 사람처럼 지금을 버텨내면 좋은 날이 올 수 있겠네.'

이런 공감과 희망과 용기를 가지게 되면 더 바랄 게 없겠다.

내 실패가 나에게는 가장 크게 느껴진다. 나만 이런 실패를 겪고 있다고 생각한다. 상처받은 마음이 자꾸만 떠올리는 어두운 미래는 진실이 아니다. 실패에는 총량이 정해져 있음을, 겪어낸 실패가 크면 클수록 당신의 앞길에는 확률적으로 더 많은 꽃길이 남아 있음을 알아야 한다.

　많은 실패를 겪어본 '실패 선배'가 간절한 마음을 담아 응원한다.
실패와 고통을 딛고 다시 시작하기 위해 이 책을 읽고 있는 당신
의 인생이 독서와 함께하기를. 마음을 치유하고 다시 일어설 수 있
기를. 남은 당신의 인생이 모두 꽃길만으로 채워지기를 간절하게
기원한다.